谋 定天下 系列

谋归一统
明朝开国奇谋

姜若木 编著

台海出版社

图书在版编目（CIP）数据

谋归一统：明朝开国奇谋 / 姜若木编著 · –北京：
台海出版社，2013.7
　　ISBN 978-7-5168-0227-4

Ⅰ. ①谋…　Ⅱ. 姜…　Ⅲ. ①中国历史–明代–通
俗读物　Ⅳ. ①K248.09
　　中国版本图书馆CIP数据核字（2013）第149924号

谋归一统：明朝开国奇谋

编　　著：姜若木			
责任编辑：孙铁楠		装帧设计：候　泰	
版式设计：姚　雪		责任印制：蔡　旭	

出版发行：台海出版社

地　　址：北京市劲松南路1号，邮政编码：100021

电　　话：010-64041652（发行，邮购）

传　　真：010-84045799（总编室）

网　　址：www.taimeng.org.cn/thcbs/default.htm

E-mail：thcbs@126.com

经　　销：全国各地新华书店

印　　刷：北京柯蓝博泰印务有限公司

本书如有破损、缺页、装订错误，请与本社联系调换

开　　本：710×1000　1/16

字　　数：220千字　　　　　　　印　　张：16.75

版　　次：2013年10月第一版　　印　　次：2013年10月第一次印刷

书　　号：ISBN978-7-5168-0227-4

定　　价：33.00元

前　言

在中国历史上，有一位出身最为低微的开国皇帝——朱元璋。他出身于一个赤贫之家，是一个农民的儿子，社会地位低到了极点。然而，时势造英雄，就是这个农民的儿子却用他的智谋创下了千秋大业——大明王朝。

拨开元末乱世的层层迷雾，让我们从纷乱中找寻明朝这位开国皇帝给后人留下的历史记忆……

朱元璋出身贫寒，鉴于此，使他本人更显得具有"魅力"，他的成功也更加充满传奇色彩。他的成功是因为他比那个时代的英杰们具有更多的智谋，更懂得运用自己的智谋，更懂得"得民心者得天下"……

明太祖朱元璋因为他出身贫寒，苦难的生活历练了他坚韧勇敢、敢作敢为的性格。在他遭遇了战祸频仍、双亲亡故、亲人离散的情况下，只有选择削发为僧以维持生计。后来，寺院也养不起这些僧人们，他又只身云游四方，也正是在云游中，让他长了见识，开阔了视野，磨炼了意志。这为他以后打天下奠定了一定的基础。

在乱世中，朱元璋懂得顺时而动，而该崭露锋芒的时候又懂得表现自己。他从一名无名小卒做起，后来一跃成为红巾军领袖郭子兴的乘龙快婿，这也为他以后逐渐成为领袖打下了基础。他自立门户后，懂得广揽贤才，为己所用。在战场上，他不仅英勇善战，还非常善用谋略：奇计百出，并吞八方。在他的不懈努力与众人的拥护下，他的实力逐渐壮大。然而，他又懂得"得民心者得天下"，"先求名，后求实"。直到时机成熟之时，才称王、称帝。一统天下后，明太祖朱元璋为了巩固皇权，实行了一系列利于国计民生的新政，以此来安抚人心；为了给子孙后代留下一个稳固的江山，他又实行了一系列铁腕强权，以此来稳定乾坤。

在乱世里，没有什么规则、人道主义可言，只有强者才是唯一的法律。而朱元璋深谙政治是危险的，他需要足够的智慧和天赋。他，正是具备这种智慧和天赋的人，所以他才能够成就一番霸业——明朝开国。

可见，在那个纷乱的年代里，虽然也涌现出了不少有能力、有智谋的豪杰们，但最终都没能真正的成就霸业。而统一天下，成就霸业的重任却青睐了这位贫寒农家出身的朱元璋，这是为什么呢？那是因为朱元璋不仅自己有着个人魅力与能力，而且比那些豪杰们更深谙成功的秘诀。而朱元璋的成功秘诀离不开：对孔孟之道的尊崇、对百姓苍生的仁爱以及领导华夏民族复国的信念和决心；对顺应天道、取得民心的倡导与践行；对网罗天下名士为己所用的手腕与权智；对农业、兴修水利的重视与实施……

本书将明朝开国之初所发生的那些重大事件以及朱元璋的开国奇谋都做了详细的描述，包括史学家的评论及重要的文献论证。本书语言通俗易懂、故事生动有趣，如同历史再次重现在读者面前。希望读者能从书中得到不一样的收获。

目　录

第一章　生于忧患，起于贫困

元朝末年，元朝统治者残暴地压迫其他民族，已经到了无以复加的地步。再加上天灾：旱灾、蝗灾、瘟疫……不堪忍受压迫的民众揭竿而起，反抗元朝的统治。朱元璋就是在这种充满忧患的时代背景下出生的。但他出生于一个贫寒的农民之家，他这个新生命并没有给这个家庭带来多少欢乐，反而带来的是一个沉重的负担。朱元璋就这样在苦水中泡大：吃不饱穿不暖、双亲死于瘟疫、给人放牛、削发为僧、云游化斋……

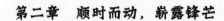

第二章　顺时而动，崭露锋芒

"谋权"，并非单指谋取权力、地位，更多的是指一种改变人生命运的谋略。朱元璋身处逆境，寄人篱下，尚且能够在突发事件面前镇定自若，越是在绝望的时刻，他越能保持冷静，运用自己的机智，冲出复杂的困境，找出突破口，笑到最后。是的，识时务者为俊杰。一个人能够把天下大势都装在心里，顺时而动，成大事就会近在眼前。

第三章　广揽贤才，为己所用

明太祖朱元璋之所以能够一统天下，从统治中原近百年的元朝统治者手中夺得天下，靠的就是他拥有丰富宝贵的人力资源。他用自己的个人魅力与手腕使自己身边聚拢了很多贤才：幼时的结义兄弟、冯氏兄弟、李善长、收三义子、邓愈、常遇春、朱升、胡大海……聚集人才才能做大事，朱元璋正是深谙这一成功秘诀，所以他才能不断地发展壮大，最终建立了大明王朝。

第四章　奇计百出，并吞八方

　　在战场上，要想让自己永远立于不败之地，除了过人的能力和优秀的个人素质外，最重要的莫过于善于审察时机，权衡形势，根据自己的实际情况，因地制宜，提出行之有效的方法，逐渐使自己的实力强大起来。在拥有一定的实力以后，想要少犯、不犯大的失误，保持实力，就需要能够明辨大局，调整策略，适应新的情况。朱元璋在历次生死大战中，始终懂得察人、察势，保持事业的正确方向。

在中国古代王朝中，凡是具有政治野心的人，都有当皇帝的梦想。然而，路总要一步步地走。乱世中，群雄并起，如果先称帝，就容易陷入众矢之的。但是，如果能够时刻保持清醒的头脑，稳妥地前行，实力一定会增得很快的。朱元璋就深谙这一点，随着自己疆土的不断扩大和机构的健全，他的实力更加稳固。朱元璋的谋略是高明的：他能够始终不争功名，等自己扫平政敌之后，自然就实至名归了。这时候，再称帝，一统天下，就如同探囊取物了。

第六章　实施新政，安抚人心

每个新王朝的开始，统治者都会颁布一系列新的政策，借以巩固自己的统治。朱元璋在建国称帝、一统天下之后，实行了一系列新的政策：户籍制、立卫所制和将兵法、诏令办学、制定科举、发展农耕、农工商立法、移民屯田、佛道并举等等。他实行的这一系列新政，对巩固明朝的统治、安抚人心的确起到了一定的积极作用。

第七章　铁腕强权，稳定乾坤

　　明太祖朱元璋为了巩固统治，加强皇权，实行了一系列血腥恐怖铁腕强权。实际上，朱元璋能够建立大明，成就一番丰功伟业，并非说明他是一颗异星，而是因为他后天秉异，靠后天的奋斗创造了神话。然而，他本是贫苦出身，且又没有多少文化，之所以有今天，除了他个人的能力之外，也离不开帮他打天下的开国元勋们。但政治是非常危险的，为此，他对身边的人很不放心。于是，他为了给子孙后代留下一个稳固的基业，实行了一系列铁腕统治，以此来稳定乾坤。

第一章

生于忧患，起于贫困

　　元朝末年，元朝统治者残暴地压迫其他民族，已经到了无以复加的地步。再加上天灾：旱灾、蝗灾、瘟疫……不堪忍受压迫的人民揭竿而起，反抗元朝的统治。朱元璋就是在这种充满忧患的时代背景下出生的。但他出生于一个贫寒的农民之家，他这个新生命并没有给这个家庭带来多少欢乐，反而带来的是一个沉重的负担。朱元璋就这样在苦水中泡大：吃不饱穿不暖、双亲死于瘟疫、给人放牛、削发为僧、云游化斋……

元末乱世，群雄并起

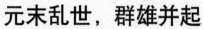

　　元朝末年，政治腐败，经济凋敝。随着蒙古族统治者专制统治程度的逐步加深，他们利用土地的剥削也日益加重。比如武宗时一个蒙古大臣占江南田1230顷，每年收租50万石，平均每亩收租高达4石。利之所在，贵族们都趋之若鹜，他们往往采取包税制形式，争着承包政府的官田，然后分租给佃户耕种，从中进行剥削。南方汉族地主对佃户的剥削，和蒙古贵族相比也毫不逊色。南宋亡后，元世祖有意识地把江南地主经济保全下来，因而江南地主对农民一直没有放松过控制和剥削。他们任意奴役佃客家属，干预"佃客男女婚姻"，甚至将佃客随田佃卖。

　　与此同时，沉重的徭役也集中在贫苦劳动者身上。据记载，当时"浙右病于徭役，民充坊里正者皆破其家"。在赋税和徭役的双重盘剥下，广大劳动人民一遇灾荒，就只能流亡了。沉重的赋税、军役和徭役，各级官吏的贪暴，以及自然灾害的袭击，使脆弱的蒙古、色目劳动者个体经济受到严重摧残，不断破产。关于蒙古人被卖给色目、汉人、南人为奴婢的记载，也是史不绝书。至治二年（1322年），元政府为了收容赎回被卖为奴的蒙古子女，成立了宗仁卫。到公元1323年正月，仅这一处收容的人数就"额足万户"。

此外，元朝统治集团的骄奢淫逸，在其后期是十分惊人的。每一新帝即位，赏赐贵族们的金银钞币，都在数百万锭以上，田地的赐予也动辄千顷。如顺帝赐丞相伯颜田地，一次就达五千顷。他还花费大量财物于迷信活动，挥霍浪费，国库为之枯竭。当时各级官吏都贪污勒索，巧立名目。如有拜见钱、撒花钱、追节钱、生日钱等。政府卖官鬻爵，高下有价。到了后期，就更加腐败了。至正十年（1350年）由于国库空虚开始发行至正钞，用来代替早已通行的中统钞和至元钞。这种不计后果的办法，当时人称为"钞买钞"。恶性通货膨胀引起物价飞涨，社会经济陷入严重的危机。随着政治上的腐朽，元朝的统治已面临崩溃的边缘。

公元1333年，元朝的第十一位皇帝元顺帝（即元惠宗）继位后，皇室内部的斗争愈演愈烈，政治也越来越腐败。

元至正十一年（1351年）三月，连日大雨使得江淮大地河水渐涨，人心惶惶。人们担忧的是自己的生计和性命，这十年来的黄淮流域，不是洪灾就是饥荒，元朝政府管理不力，盗贼四起，百姓苦不堪言。

由于当时的蒙古对汉民族以及其他民族的压迫奴役已经到了无以复加的程度，民族矛盾以及阶级矛盾日益尖锐激化，人民生活在水深火热之中，冲突斗争一触即发，再加上天灾频繁，走投无路的贫苦农民要活命，要改变现状，不能不拼死杀出一条生路。为此，不堪忍受压迫的人民揭竿而起，豪杰振臂一呼，应者四方云集。

就在这一年的五月份，河北有个农民叫韩山童，他祖父是个教书先生，曾经利用传教的形式，暗中组织农民反抗元朝，被官府发现，充军到永年（今河北邯郸东北）。韩山童长大以后，继续组织白莲教，聚集了不少受苦受难的农民，烧香拜佛。于是，韩山童对他们说：现在天下大乱，佛祖将要派弥勒佛下凡，拯救百姓。这个传说很快就传到河南和江淮一带，百姓们都盼望着有那么一天，弥勒佛真会下凡来。

就这样，韩山童以白莲教为纽带，宣传"弥勒降生"、"明王出世"，并结识了安徽阜阳人刘福通。韩山童认为，如今世道已乱，不能再指望靠朝廷过上好日子了。他要靠自己的能力做一番事业，他的心一直被一件事鼓动着，那就是前几年反了朝廷的方国珍。方国珍在海边称王，浙江行省的官兵都奈何不了他，势力越来越大。韩山童的心，每想到这件事就很激动，那是一种冲动：证明自己，发展自己，展现自己能力的冲动。这个冲动在韩山童那里渐渐变成行动，他总觉得这种世道恰恰为成就一番事业提供了机会。

刚好在这个时候，黄河在白茅堤决口，又碰上接连下了二十多天大雨，洪水泛滥，两岸百姓遭受严重水灾。有人向朝廷建议，把决口的地方堵住，另外在黄陵岗（今山东曹县西南）开挖河道，疏通河水。公元1351年，元王朝征发了汴梁（今河南开封）、大名等十三路民工十五万和兵士两万人，到黄陵岗开河。

韩山童决定抓住这个机会，集合信众反抗朝廷。白莲教在这一地区流传甚广，除了韩山童是总头目，还有其他几个负责人，韩山童计划的第一步是先召集各位负责人，征求意见。

于是，韩山童秘密联系了一些可信的人在颍州地区的白鹿庄召开了一次密谈。这其中有白莲教各地的负责人刘福通、杜遵道、罗文素，还有颍上县城里的盛文郁、王显忠。几人稍稍寒暄之后，一片寂静，寂静中隐藏着些许压抑，似乎有什么重要的事情正待爆发。韩山童身高七尺，头戴红布巾，颇有洒落气度。

此刻，韩山童坐在庄主的位子上，沉着地想着什么，一声不响。其实聚集之前，韩山童已经用密信透露了此次商讨的事情。沉默中，刚刚到来的盛文郁轻轻咳了一声，环顾四周，最后对韩山童说："教主，最近县城闹得沸沸扬扬，说是朝廷要修治黄河。"在座的各位并不惊讶，只是互相对视了一下，好像已有所闻。

盛文郁连忙起身答道："宰相脱脱不顾异议，将于今年四月，在黄淮地区征数十万农民开工修整黄河，发汴梁民夫十五万，泸州戍军两万，大兴工程，预计开河二百八十里，让黄河决堤的地方重回旧道。"

"如今百姓已经怨声载道，可以说是民不聊生了，哪有心思为朝廷效力修治黄河？我看元朝离灭亡不久了。"说话的人正是刘福通，此人性情豪爽，有智谋，跟随韩山童在民间传教多时，很受众人爱戴。

韩山童略有所思地说道："如今这世道，看来只有靠自己撑起一片天地了，指望朝廷是没什么可能的。如今朝廷若要征集民众修黄河，只能引起民众的反感怨恨，依我之见，这是聚众反叛朝廷的好时机。"

各位头领此前也都有过慎重考虑，在韩山童的鼓动说服下，纷纷响应，推举韩山童为首领。

韩山童说道："历来起义都有自己的口号来号召群众，于此，大家有何意见？"

刘福通说道："现在元朝压迫百姓那么厉害，百姓还想念着宋朝。而且宋朝灭亡不过才七十余年，遗民较多，江淮、黄淮地区的汉人多不服蒙元统治，反心一直都有。如果打起恢复宋朝的旗帜，先攻下附近的州县，同时鼓动修黄河的十几万民夫反叛，应是得人心之举。"

韩山童立即走向刘福通，应声："好。"对着众人神秘地一笑道，

"各位稍等，且看一样宝物。"

众人只见韩山童关上房门，谨慎地取出一个陈旧的黄布包。众人依然一脸迷茫，屏着气息，不知韩庄主到底要展示什么宝贝，跟起事有何关系。

"诸位且过来一下。"众人细细辨认，见黄布中包着一方印章，却难分辨出印文到底是什么。曾做过朝廷小官的杜遵道研究半晌，大惊道："这……这可是天子之宝啊！"众人再看，将信将疑，都怔住了，齐齐望着韩山童。

这时，韩山童沉沉地说道："实不相瞒，这是大宋天子宋徽宗的玉玺。说来话长，靖康二年四月，金人虏宋徽宗，皇室潜逃。为避免金人盘查，太上皇将这块玉印，偷偷托付给一个随从，让他在民间的儿子收藏，这个儿子从此改名换姓，叫韩明。这块玉印也代代相传，传到我这里已是第九世了。"

众人面对此番情形顿时失语，不知这玉印是真是假。韩山童正色道："我祖上还传下另外两件宝物——徽宗的画和内府的玉镇纸。各位请随我前往观看。"众人几经周折到了一间秘密房间，韩山童介绍这两件宝物如何如何，众人由狐疑逐渐变得相信了。

众人回到堂上，犹在不可思议之中，韩山童唤人去喊夫人。

一会儿，只见韩夫人抱着一个小孩进来。众人不知这又是为何。韩山童指着孩子诡异地说道："恐怕你们还不知道他是谁吧？"

刘福通说："这不就是令郎韩林儿吗？"众人皆说："是啊，是令郎啊？"

韩山童道："这是我从民间收养的孩子，他可是大宋朝的皇子。我乃宋代宗室。"

韩山童如此一说，仿佛一出戏剧一样，众人心中狐疑，却无法发问。

刘福通说道："原来韩庄主是宋代宗室，有天子玉印，收养皇孙，当恢复宋室才是。如今时机成熟，我等应鼎力相助，恢复大宋伟绩。"众人当下拥立韩山童为主，决意即刻采取行动谋划大业，反元一事算是达成了共识。

为了掩人耳目，刘福通化身为颍州商人，带领几个随从，前往黄河沿岸准备发动民工反抗朝廷。同时，韩山童在黄河沿岸散布童谣："石人一只眼，挑动黄河天下反"，同时在河道中埋设一石人，背刻"石人一只眼，挑动黄河天下反"，还让几百个教徒扮成修河的农夫，暗暗在这些河工中宣传这些思想。此时，元朝政府所拨的修河经费被修河官贪污，河工拿不到工钱，连饭都吃不饱，心中都对朝廷充满了怨恨，民工们虽然不懂这歌谣是什么意思，但是听到里面有"天下反"三个字，就觉得好日子快要到来了。

等开河开到了黄陵岗，有几个民工忽然挖出一座石人来。大家好奇地聚拢来一瞧，只见石人脸上正是一只眼，而且背上刻的字正是最近流传的民谣："石人一只眼，挑动黄河天下反。"大家心里都想，民谣说的真的应验了，既然石人出来，天下造反的日子自然来到了。

于是，韩山童趁机在白鹿庄聚集了三千人，杀白马黑牛，祭告天地，宣称自己是宋徽宗第九代传人，要起兵恢复宋王朝，韩山童被推举为明王。众人决定起义，以头裹红巾为标志，四处宣传起义之事，被称为"红巾军"。又因焚香聚众，又被称作"香军"。但是正在歃血立誓的时候，有人走漏了消息。官府派兵士把韩山童抓去，押到县衙门杀了。韩山童的妻子带着儿子韩林儿，逃脱了官府追捕，到武安（今河北武安）躲了起来。

刘福通逃出包围，把约定起义的农民召集起来，攻占了颍州等一些据点。原来在黄陵岗开河的民工得到消息，也杀了河官，纷纷投奔刘福通的队伍。因为起义兵士头上裹着红巾，当时的百姓把他们称做红军，历史上把它称做红巾军。不到十天，红巾军已经发展到十多万人。

至此，韩山童的起义虽然失败，但是却唤醒了世人，对人们的思想也起到了一些积极作用，随后，很多起义军也都打着"红巾军"的旗号在各地纷纷起义，对抗元朝的腐败统治。紧接着，徐寿辉起于蕲州（今湖北蕲春西南），彭大、赵均用起于徐州。几个月之间，各地纷纷响应，形成了滔天大势。第二年，即至正十二年（1352年）正月十一日，定远（今安徽定远）土豪郭子兴联合孙德崖等人起兵于定远、钟离一带，数万百姓起而响应。郭子兴聚众烧香，成为当地白莲会的首领。二月二十七日，起义军攻下濠州后，郭子兴自称元帅。随后，郭子兴据濠州而坚守，元军一时间对他无可奈何。

赤贫之家，诞生真龙

公元1328年，在元朝的大事年表中却是一个不同寻常的年份。因为在这年七月，大元帝国第十位帝王也孙铁木儿在大都（今北京）去世。宫廷内部旋即爆发了帝位之争。

也孙铁木儿生前所立的皇太子阿速吉八，只有9岁。这时正在上都的枢密院事燕铁木儿依靠武力拥立已故的武宗次子图帖睦尔在大都即帝位。同时另一方面，丞相倒剌沙等人在上都立阿速吉八为帝。上都与大都两方面就形成了对峙的局面。经过一番激战，燕铁木儿获胜，攻入上都，倒剌沙奉皇帝玺投降，阿速吉八不知所终。图帖睦尔就是历史上的元文宗。

就在这样的一个混乱年代里，在蒙古贵族统治集团为争夺最高权力打得不可开交的时候，濠州钟离县东乡一座破旧的二郎庙里，诞生了一位改朝换代的人物，他就是本书的主人翁——朱元璋。从这时起，他逐渐走上了历史舞台，开始书写自己以及同胞的命运史诗。

朱元璋和大多数的古代皇帝一样，为彰显自己的确是"人中之龙"，他的降生也被蒙上了一层神秘的面纱。据《明史》记载："母陈氏，方娠，梦神授药一丸，置掌中有光，吞之，寤，口余香气。及产，红光满室。自是夜数有光起，邻里望见，惊以为火，辄奔救，至则无有。比长，姿貌雄杰，奇骨贯顶。志意廓然，人莫能测。"

当然了，这个天命所归式的渲染显然并不是真实的历史。实际上，和历史上无数的"同行"比起来，朱元璋的童年不免黯然失色：他非但没有显赫的家世，家庭出身也实在不怎么好。

朱元璋出生在安徽濠州县（今安徽凤阳县）一个赤贫的农家，祖上交不起官府的赋税，万般无奈地过着在淮河流域居无定所、四处躲债的日子。后来，朱元璋的父亲想尽办法，终于在一个叫钟离村的地方做了佃户，朱家就从此在这片干旱又时疫肆虐的土地上扎根谋生。

这一年，正值秋高气爽的农忙季节。中午时分，钟离县东乡一位贫苦农户朱五四的妻子陈氏，挺个一个大肚子，在一座破旧的茅屋中收拾着碗筷。丈夫和孩子们都已下地干活去了，家里只有她一个人。干完家务，她像往常一样到地里帮助丈夫播种小麦。不料走到半道，腹中便一阵阵疼痛起来。她意识到自己快要临盆了，忙咬紧牙关，忍着剧痛转身又往家里赶。可惜没走出多远，就支撑不住了，额上的汗珠顺着面颊不停地往下淌。她只好挪动着身子，进了附近的土地庙。刚刚迈进庙门，她就靠着墙壁大口大口地喘着粗气，并身不由己地滑倒在地上。一会工夫，庙里就传出了男婴的啼哭声，一个小生命降临到人世。

丈夫朱五四闻讯从农田里赶来，把母子俩接回家中。他俯下身子，端详着妻子怀中的婴儿，惊喜不已。

朱五四又想起了早上妻子对他说的事儿：昨天晚上她做了一个梦，梦见自己在麦场上干活。忽然有一位头戴黄帽、身披红袍的道士从西北方向飘然而至，来到她的身前取出一颗白色药丸，放在她掌中，让她吃下去。陈氏看时，只见那药丸闪闪发光。她闭上眼睛咽下去，顿时觉得热气下沉，满口清香。

陈氏说这是吉祥之兆。现在，朱五四望着床上正在熟睡的婴儿，心里朦胧地升起一股希望。可是他必须得面对现实，家里又多了一口人，又多了一张嘴，又多了一份难以承受的生活负担，他一想到自己寒酸的一生，便不觉露出一丝无奈的苦笑。

该给孩子起名了。按中国古代的传统，穷人家的孩子都是按照父母的年岁或按兄弟大小排行依次递接的起名字。当时朱五四的哥哥朱五一已有四个孩子，分别叫重一、重二、重三、重五。他现在已有三个孩子，分别叫重四、重六和重七，于是，朱五四夫妇俩为这个孩子起名叫重八。后取名兴宗，又改为朱元璋，字国瑞。他，就是史上赫赫有名的明太祖。

朱元璋做了皇帝后，钟离县东乡的乡亲们才开始注意到他从天而降时那个普通而又不平凡的一天，并编织出种种奇妙的传说。其中有这么一种说法：

朱元璋出生的那天，他家的屋上一片红光，左邻右舍还以为他家失火了，纷纷拿着脸盆、水桶跑来帮助灭火。结果来了一看，才知道朱家并没有着火，而是一个不同凡响的男婴降生了。

还说，那天晚上，土地庙也满室清香，连土地神也不敢惊扰这东乡的真命天子，便将土地庙往路东迁徙了几十步。

重八出生时，家里穷得叮当乱响，连给孩子裹身子的布片都没有，幸好朱五四到河边提水时，捞到一块破烂的红绸布，取来勉强作了褓褓。这件事在流传中也走了样，说是土地庙的和尚把朱元璋抱到河里洗澡，恰好从远处漂来一块红绸布，便捞起来为他裹身，这块红布便被称为是上天所赐的"红罗嶂"。

其实，这些吉祥的传说当然都是后话。在当时，朱元璋家境贫寒，生活艰难，这才是实际的情况。

朱五四的祖籍原在沛县，那里曾是汉朝开国皇帝刘邦的故乡。不知从哪一代起，朱五四的祖先从沛县迁到集庆路的句容县。朱五四出生的时候，南宋已经被元朝灭亡。朱五四一家也变成了元朝的顺民。元朝把居民都编成固定的户籍，有民户、军户、匠户、灶户、站户、盐产、矿户、儒户等好几十种。不同的户籍要向朝廷承担不同的赋役。朱五四一家被编为矿户中的淘金户，每年要向官府缴纳定量的黄金。可哪里有那么多黄金可淘，朱五四家无奈，只好种粮，再用卖粮得到的钱，到远处的集市上换成黄金缴纳上贡。这样折腾下来，哪有不赔的买卖。没过几年，朱家的生活就维

朱元璋像

持不下去了。朱五四的父亲朱初一就带上一家人，北渡长江，逃亡到淮河岸边的盱眙。

那时，盱眙县有大片荒废的土地。于是，朱家在那里开荒种地，安营扎寨，定居下来，由于辛勤劳动，日子过得渐渐有了些起色。

朱五四和哥哥都娶上了媳妇。朱五四的媳妇姓陈，比他小五岁。陈氏的父亲是扬州人，南宋末年当过兵，进行过抗元斗争。战争失败后，又回到扬州。为躲避元兵追捕，后又跑到盱眙津里镇，靠给人算卦混口饭吃。家有二女，这其中的二女儿便嫁给了朱五四。

然而好景不长。有一年，朱初一得了一场急病死去。刚刚有了点模样的家庭立即垮了下来。朱五四兄弟不得不携家带口，再次流浪。朱五四先逃到灵璧，又迁至虹县（今安徽泗县），最后移居到钟离的东乡。

朱元璋上面有两个姐姐、三个哥哥。大姐在朱元璋出生时已经嫁给了盱眙县太平乡的王七一，但婚后不久便染病死去。二姐后来也出嫁了，丈夫是钟离县东乡的渔民，叫李贞。大哥年岁大，总算成了家。二哥、三哥因为家里穷，没有媳妇上门，只好给人家做上门女婿。背井离乡，倒插门，这种婚姻是最没出息也是最被人瞧不起的。可是迫于生活困窘，朱家也就忍辱承受了。

朱五四为人忠厚勤劳，主张"守分植材"，自食其力，以勤劳的双手脱贫自救。他常对朱元璋说："凡人守分植材，如置田地，稼穑收获，岁有常利，用之无穷。若悖理得财，如贪官污吏，获利虽博，有丧身亡家之忧。"他一生始终恪守这一信条，勤勤恳恳，埋头实干，起早贪黑，省吃俭用，做梦也想着有一个幸福的家庭。

元代的公私地租和高利贷等各种剥削十分苛重，元末官府强加在百姓头上的各项徭役赋税，比之元初猛增了十倍二十倍以上，加以贪官污吏乘机肆虐，鱼肉人民，人民早已生活在水深火热之中。

朱家的人口又多，朱五四养有四子二女，朱元璋虽是六兄弟姊妹中最小的一个，但也逃脱不了受困挨饿的日子。不仅如此，家境还越来越坏，常常是朝不保夕，捉襟见肘，用朱元璋自己的话来形容，便是"农业艰辛，朝夕彷徨"。

有人把汉朝刘邦与朱元璋相比，说两人都是布衣出身的皇帝。但刘邦出身中农，而且做过秦朝的亭长。所以中国历史上真正以布衣出身得天下的只有朱元璋一人。

朱元璋在家里是老小，深受父母的宠爱，虽然日子并不宽裕，父母还是把他送到私塾念了几天书。由于生活所迫交不起学费，不得不中途辍学。尽管如此，母亲还是对他寄予了很大的希望。她对丈夫说："人们常说三十年河东，三十年河西，我觉得咱们家肯定会出一个有出息的人，我看其他几个儿子都不善治产业，只有重八还像点样。"朱五四对此也深有同感，只是实在没有多余的钱可供重八继续打造一个良好的生活、学习环境。

母亲对朱元璋的影响是很大的。陈氏一生勤勤恳恳、吃苦耐劳，这些中国传统优秀的品质在朱元璋身上也留下了明显的痕迹。母亲还爱给他讲故事，讲的最多的就要属外祖父抗元的故事了。

那是五六十年前的事了。当时外祖父在宋朝大将张世杰手下当亲兵，蒙古兵打进来，攻占了宋朝都城临安，宋恭帝奉表投降了蒙古人。可宋朝的许多文武大臣并没有屈服，张世杰和陆秀夫等人在福州拥立赵昺为皇帝继续抵抗。文天祥在危难中出任丞相，招兵买马，转战于江西、广东一带。蒙古兵步步进逼，文天祥兵败被俘，被押往大都北兵马司的大牢中。元朝皇帝忽必烈亲自劝降文天祥，但没有成功，最后文天祥不屈而死。张世杰忠心耿耿，护送赵昰败于东南沿海一带。

不久，赵昰病死。张世杰、陆秀夫又立他的弟弟、年仅8岁的赵昺为帝，退守广东新会以南临海的崖山。1279年早春，蒙古兵和宋朝的降军追到海上，张世杰集结了1000多条大船，在宽阔的海面上一字形排开，用绳索把船只联结起来，组成最后一道防线。由于没有给养，宋军只能啃干粮，喝海水，不少人呕吐病倒了。

蒙古兵在一天夜里趁机进攻，冲破了宋军的防线。陆秀夫见大势已去，拔剑命令妻子儿女跳下海去。然后自己背着小皇帝也投海自尽。张世杰趁着天黑，带了十几条船，冲出重围，打算再立赵家子孙，恢复大宋江山。谁知在平章山海面遭到飓风袭击，船被吹翻，张世杰落海淹死了。朱元璋的外祖父也在张世杰的军中，他落水后，侥幸被人救起，辗转返回家乡。在这场决战中，宋军官兵有的战死，有的投海殉难，没有一人投降。

母亲经常含着泪水讲述，朱元璋也是听一遍哭一遍。他从心底里敬佩外祖父，他觉得英雄就应该是外祖父那样的人。

俗话说"三岁看小，七岁看老"，母亲的教育往往会影响一个人的整个一生。这令人痛心的故事，在朱元璋幼小的心灵上打下了深深的烙印，也使他的性格产生了根本性的变化，这为他日后的一系列行为奠定了一个深邃的基础。

朱元璋10岁那年，全家搬到西乡，租人田地。没几年，地主收回了土地，朱五四又迁到太平乡的孤庄村，给地主刘德当佃户。这样连年流离迁徙，到头来仍然没有自己的土地，只能租地耕种。

男人为主人种地，女人为主人做杂活，穷人的孩子早当家，朱元璋也不得不为地主刘德家放牛。当时给刘德放牛的还有周德兴、汤和、徐达等小伙伴。在炎热的夏天，他们把牲口赶到村外野草茂盛的地方吃草，然后凑在一起玩游戏。

明嘉靖年间的王文禄曾著文叙录了朱元璋当牧童时所留下的一些故事。其中有一个故事说：朱元璋在放牛时，经常爱与一同放牧的许多孩子一起做游戏，别看朱元璋光着脚，穿一身破烂不堪的短衣裤，却偏偏抢着要装皇帝。他把棕榈叶子撕成细丝，扎在嘴上做胡须，从车轮上弄下一块长方形大板子横顶在头上作为"平天"冠，再叫一大群牧儿每人自己各用双手捧着一块小方形木板当做"笏"，最后让大家都手捧笏板排成一行，整整齐齐地三跪九叩头向他跪拜，他往土堆上一坐，小伙伴们同声高呼万岁。远远望去，还真有些像大臣朝见皇帝的气势。

实际上，类似这种儿童游戏是十分平常的。类似的现象在别的儿童身上也可能见到，但由于发生在后来当了皇帝的朱元璋身上，因此，才格外被人们所珍重。故事本身强有力地证实朱元璋虽是出生在一个贫穷的农民家庭，从小在苦水中泡大，但他却有着同众多领袖一样的权力欲望与强大的凝聚力。朱元璋之所以能够在日后统领全军，统一天下，不能不说其自身的某些领导能力与才能是与生俱来的，是别人学也学不到的。

其实，朱元璋小时候并没有显示具有独特的天分，他与别的小孩略有不同的是，他十分调皮，鬼点子多，敢说敢做，比较讲义气。小时候替地主看牛放羊，最会出主意闹着玩，别的同年纪甚至大几岁的孩子都听他使唤。

朱元璋在众牧牛童中，成了领袖。有一天，大家忽然饿了，时候早又不敢回家。朱元璋出主意，杀了地主的小牛犊，生起火来，一面烤，一面吃。不一会儿，一头小牛犊只剩一张皮、一堆骨头、一根尾巴了。小牛被大家吃了，如何去见地主刘德？大家面面相觑，想不出主意，乱成一团。朱元璋拍胸膛说我一个人认了，大家不要着急。他把小牛犊皮骨都埋了，拿土把血迹掩盖了，把小牛尾巴插在山上石头缝里，对刘德说，小牛钻进山洞里去了，怎样拉也拉不出来了。刘德不信，去看，那牛尾居然摇动，只得信了。原来山神、土地都来帮助这个未来真主，使牛尾摇动。这是根据王文禄《龙兴慈记》而来。

这样一来，朱元璋却由此深深得到伙伴们的信任，认为他敢作敢为，有事一身当，于是，大家心甘情愿把他当作小头目。

而实际情况呢？很快，朱元璋就为自己这种监守自盗的行为付出了相当沉重的代价：地主刘德一眼识破了朱元璋的拙劣骗术，把朱元璋吊在院落中一顿毒打。刘德还因此事把朱元璋关进柴房不给他饭吃，想以此狠狠地惩戒一下。饥渴难耐的朱元璋翻箱倒柜，竟无意中在一个老鼠洞里发现了些五谷杂粮，就赶紧把这些东西一股脑儿地倒进锅里煮粥来吃。后来，已经是皇帝的朱元璋回忆起这段凄惨的经历，不由得百感交集，便命宫人重做这昔日的救命粥。

朱元璋没有显赫的家世，也没有激昂的少年壮志，有的只是平淡无奇、索然无味的单调生活。这个名不见经传的少年，在凤阳那个破败的乡间，整日围绕着温饱这个实际而迫切的问题四下奔波，就这样度过了人生最初的十六个年头。也许，能吃一顿饱饭，就是朱元璋在童年时代的最大梦想。他的少年时代凄苦伶仃，整日在饥饿、斥骂、毒打与压榨中煎熬——这些身处社会最底层的经历，绝对是他的大部分"同行"从未有过的遭遇；而正是这种"与众不同"，决定了朱元璋将是一个与众不同的君王，而他一手建立的帝国也注定将是非比寻常的。

然而，苦难中往往孕育着奇迹。正所谓"宝剑锋从磨砺出"，无尽的灾难，刻骨的伤痛，残酷的社会现实，以及在死亡线上艰难求生的蹉跎岁月，无一不是磨砺他，铸造他，以及最终成就他的"功臣"。更重要的是，朱元璋的少年时代也并非只是无尽的苦难生活，在这段称不上"美好"的童年时光中，朱元璋还是得到了一份上天赐予的礼物：他结识了自己一生中最重要的伙伴，徐达、汤和、周德兴等。正是这帮昔日在凤阳乡间浪迹的穷小子们帮助后来的朱元璋东征西讨、南征北战，最终建立起大明江山的基业。

就是这样的一个人物，从儿童到少年，过着如此凄惨的生活，最终成了大明的开国皇帝。至于朱元璋的容貌，今人已无法看到，唯有借助留存下来的各种画像发挥想象和史学家的只言片语来进行推测。朱元璋的相貌，《明史》上用了美好的字眼，往正面里描写，说是："姿貌雄杰，奇骨贯顶。志意廓然，人莫能测。"可以想象，他的头顶骨大概特别凸出，构成一种倔强（"雄杰"）的形象；而精神状态方面，则是不拘常规，所以"人莫能测"。这正是打天下的性格。

对于朱元璋来说，这段从儿童到少年的辛酸的经历，是一种苦难的历练，也是他最终成就大业的一笔重要的"财富"。

饱尝贫苦，痛失双亲

元顺帝即位以来，几乎是连年争战，社会上一片混乱，无数百姓流离失所。战争、烧杀、抢劫、暴动的同时，伴随着破产、流亡、饥饿、死亡，天昏地暗，民不聊生，悲惨景象无处不有，无时不在。正当社会被折腾得元气大伤的时候，各种自然灾害又不期而至。首先袭来的就是旱灾。至正四年（1344年）入春以后，江淮以北接连几个月干旱无雨，坑塘河沟里全都干涸了，田地里的庄稼像被人烤过一样蔫在地里，禾苗枯萎，江河断流，随处可见。

人们面对这前所未有的旱灾，在抗争无效后，不得不把所有的希望寄托于天上的神仙，天天祈神求雨。然而盼星星盼月亮，掌管降雨的海龙王没有盼来，却只盼来了铺天盖地的蝗虫，真是屋漏又遭连夜雨。这突如其来的灾祸把农民们残存的最后一点希望也给扑灭了，蝗虫啃噬过后，庄稼连影儿也难得见着，农民们面对龟裂的田地欲哭无泪。如果说蝗虫的侵扰对于人民来说是雪上加霜的话，那么接下来的这场瘟疫对于民众来说无疑是火上浇油。

至正四年这一年，朱元璋十七岁，尚未完全长大成人。在"同行"们的事业起步之年，他依然待在凤阳那个破败的乡下，依然优哉游哉地过着那并不幸福的"悲惨"生活，对未来的一切浑然不觉，就更别提作为一个开国者的职业觉悟了。然而，上天断不会允许一个命中注定要雄起的人继续消沉。为了"修正"朱元璋的人生轨迹，上天毫不吝啬地降下天劫——只是，这天劫不但来势汹汹，其艰难程度更是挑战人类极限。

元至正四年的春天，天劫突如其来，各种天灾人祸接踵而至，纷纷降临到凤阳这片土地上。《明史》记载："旱蝗，大饥疫。"在这个灾难深重的春天，天灾人祸，可谓紧密相连，互为因果。穷苦家人忍饥受寒，拖着疲惫的身子在田间耕作，长年累月，奔波劳累，加上忙抗旱，

谋归一统

明朝开国奇谋

灭蝗虫，根本得不到必要的休息。饿急了的时候，往往饥不择食，忽饱忽饿，哪管什么干净不干净，树皮、草根乃至人肉只要是能填饱肚子的东西，统统全吃。因此，疾病流行，瘟疫蔓延也是必然的事。于是，就有了"户户有新丧，家家起新坟"的悲惨景象。朱元璋一家在这场瘟疫中也没有躲过去。

朱元璋那原本就脆弱不堪的生活轰然坍塌：不到半个月，其父、其母、其长兄先后感染疫病，不停地上吐下泻，命悬一线。此时的朱家境况如何呢？

朱元璋的大姐、二姐早已嫁人，三哥入赘别家，做了"倒插门"女婿，当家的就只剩下他和二哥两人。家里穷得叮当响，兄弟俩苟活于世尚且不易，哪里还有钱找郎中医治亲人的病痛呢。束手无策的朱家两兄弟眼睁睁地看着亲人痛苦地相继病逝，不禁抱头痛哭。

"俄而天灾流行，眷属罹殃，皇考终于六十有四，皇妣五十有九而亡，孟兄先死，合家守丧。"（《御制皇陵碑》）后来，朱元璋贵为九五之尊，在修筑皇陵时，他回忆起这段心酸往事，不由感慨道，"因念微时，皇考皇妣凶年艰食，取草之可茹者杂米以炊。艰难困苦，何敢忘之！"像这样吃草咽菜的家庭，遭了瘟疫，哪还有钱请郎中、抓药？也只有生死由命了。结果四月初六，朱老汉自己最先死去。又过三天，四月初九，朱五四的大儿子重四又跟着走了。隔了12天，四月二十二日，老伴陈氏又抱病身亡。半个月的时光，"连遭三丧"，全家九口人死了三分之一。

在中国历史上，朱元璋算是一位极为独特的皇帝——生于社会最底层，一路摸爬滚打，崛起于草莽之间；相比于朱元璋，其父朱五四，大明王朝的第一任太上皇，"独特"之处更是有过之而无不及：这位可怜的太上皇不但生前没有沾过半点皇家祥瑞，没享过一天荣华富贵，死后甚至连个下葬的地方都没有。对于太上皇的身后事，《明史》言简意赅地用了四个字——"穷不克葬"，也就是说穷得都没法下葬了。

朱元璋的父亲作为一个标准的佃户出生，一辈子面朝黄土背朝天，辛勤地在地里劳作，到死时却依然一无所有——连下葬的地方都没有，这是何等悲哀。即使后来在邻里的慷慨帮助下，朱父的遗体勉强下葬，却仍是"殡无棺椁，被体恶裳，浮掩三尺，奠何肴浆"。

按照中国儒家的礼教观念和传统习俗，养生送死都是人生中乃至家庭中的最大的事情，使死者魂归故土，使遗体能有个安置的处所，不能暴尸荒野，任凭鸟兽啄食践踏，这是最根本的同时也是最起码的一条，生者认为那样会使死者的灵魂不安，还有可能会回来找麻烦的。可朱家现在却是个不折不扣的上无片瓦、下无插针之地的赤贫人家。有些地方，常居一地的大姓大族，同族人有时还有公共坟山可以利用，朱家因迁徙不常，也没有这个可供利用的条件，只有由朱家兄弟向人讨要的最后一条路了。

痛失考妣的朱元璋，其心仍沉痛不已，为了给父母讨一块下葬的地方，迫于无奈，他不得不放弃男儿尊严，整日奔波于亲朋好友、街坊邻里之间，表演一场场的哭戏，希望能用一声声苦苦哀求与一次次声泪俱下的申诉，换得一块不大的土地来安葬逝去的亲人。

朱元璋走投无路，甚至敲开了昔日老板地主刘德的宅门，求他发发善心，施舍自己已逝的亲人一块小小的安葬之地。刘德不愧是铁石心肠，任凭朱元璋如何声泪俱下，却丝毫不为所动，他不但断然拒绝了朱元璋的哀求，甚至以趾高气扬的架势对朱元璋百般讥讽，在恶毒的诅咒声中，朱元璋被轰出门去。

朱元璋放弃尊严，不过求一块微薄的安葬之地。但这个世界从不在乎眼泪，眼泪唤不回逝去的亲人，眼泪抚不平内心的伤痛，眼泪得不到别人的同情、帮助，眼泪求不来哪怕些许的坟地安葬双亲……此时，朱元璋才第一次深深地体会到何谓人情冷暖。

　　朱元璋一家为此一筹莫展，全家人哭成一团。幸而朱家邻居，有一个叫刘继祖的老实人，谦和仁慈的他觉得这朱家两兄弟实在可怜，就善心大发，主动提出可以让朱家二老葬在自家地里。

　　葬地这个基本难题解决了，但还有一系列的困难等待着他们：死者用的棺材、入殓的衣物，还有祭奠用的酒食等等。对于这些困难，也都是草草将其解决了。棺材用的是草席子，入殓穿的衣裤则是死者生前用的破旧货，祭奠没有"散浆"，便以家里度荒用的极其粗恶的草蔬粝饭充用。几经周折，朱五四这位可怜的太上皇，终于算是在九泉之下瞑目了。

　　辛勤劳累了一生的朱五四就这样含恨而死了，他本想通过自己的辛勤劳动，换得家人的丰衣足食，谁知……

　　亲人离世在朱元璋心中刻下了无法愈合的伤痕，此生难释怀，以至于后来他亲题《御制皇陵碑》时，还念念不忘地提及此事："田主德不我顾，呼叱昂昂，既不与地，邻里惆怅。忽伊兄之慷慨，惠此黄壤。"世态炎凉，灾难的惨痛、富人的冷酷、穷人的慈善，让朱元璋饱尝了生活滋味。家中变故无情地终结了他的童年，却引他走向了一个更加广阔的新世界。在某种程度上，这件事情甚至重塑了朱元璋的部分观念，而这些观念深刻影响了后来的大明帝国。

　　后来，当上大明朝皇帝的朱元璋又是可爱的：龙兴之后的朱元璋没有忘记刘继祖的恩情，不仅追封刘继祖为义惠侯、其妻娄氏为义惠侯夫

第一章　生于忧患，起于贫困

人，还对在世的刘氏后人关怀备至。朱元璋先后三次召刘氏后人赴京，广赐田宅、器具，御赐棺衾，甚至在修皇陵时也不忘嘱咐："坟墓皆吾家旧邻里，不必外徙。春秋祭扫，听其出入不禁。"对于寻常百姓来说，皇陵的待遇也算是亘古未有的荣耀了。

等这三桩丧事办理完毕之后，悲剧就该到此结束了吧？没有，还没有：一方面，当地可怕的天灾仍在急剧发展，大旱无雨，人人缺食，草木为粮。另一方面，朱五四一家原来虽然人多，但主要支撑门户的是朱老汉自己和大儿子重四二人。现在二儿子重六"人小体弱"，最小的儿子朱元璋尚未完全长大成人。眼下两个主要劳力已经没有了，留下的全是孤儿，刘家的地已无法继续耕种。一家人反复合计，与其死守一地，还不如适当分散开来，各找活路，各奔前程。于是，朱家在一场倾家荡产、家破人亡的大劫以后，紧接着剩下的几口人又各奔东西，再次上演了一幕生离死别、骨肉分别和背井离乡的惨剧。

最终结果是：老大重四的寡妻便带着儿女三口去了娘家，老二重六夫妇二人也决定离开此地，外出逃荒，只剩下朱元璋一人孤苦伶仃。

死者已矣，生者长痛长悲，哭破产，哭亡魂，哭别离，一片呼天抢地的凄切之情，令人耳不忍闻，目不忍睹。若干年后，朱元璋亲制《御制皇陵碑》，用文字追述了这段悲惨的家史，令数百年以后的人们看了，也不得不为之回肠荡气。重六携妻离乡背井，不久，便死在逃荒的路上。至正十四年（1354年），朱元璋领兵驻滁阳时，其二嫂闻讯前去投靠，称重六已经死去好几年了。朱元璋在哥哥走后，一人留下准备再坚持了一些日子，希望能找到些活路糊口，渡过难关，但结局很令他失望，没有办法，难道只能坐着等死吗？

朱元璋这一段经历，也等于他遇到了"天劫"。"天劫"一词，语出道家，说的是道家修真之人的修为道行达到一定程度，上天就会降下考验，多为天雷轰击，故曰"天劫"。度天劫者，成则一步登天，功成名就；败则魂飞魄散，万劫不复。对于受劫者来说，天劫是机遇和挑战并存；而那些敢于直面挑战、把握机遇的人，往往都能成功一跃，实现人生的腾飞。然而，这一段经历也铸成了他以后的无情：面对命运的无情与富人的冷酷，历尽坎坷的他意志愈发坚强，慢慢练就了一副铁石心肠。朱元璋后来对富人坚决打击、对穷人政策倾斜的治国思想，想必也与这次刻骨铭心的经历有关。

朱元璋早年命运的无助、生活的窘迫，还有那随时有可能来袭的疾病和瘟疫，自己随时都有丧命的可能，因此造就了他坚忍不拔的个性。正是因为他有了这样的经历和性格，使得他成为中国古代帝王中权力最集中的一位。

削发为僧，温饱不济

明太祖朱元璋其实很忌讳别人说他出身低贱，特别忌讳说他当过和尚，和尚的特征是光头，剃掉头发，所以，不但"光"、"秃"对他是犯忌讳的，就是一个"僧"字他也很忌讳。那么，他到底是否当过和尚？又为什么要做和尚呢？

朱元璋的痛失双亲之后，兄弟二人认为家人还是分散开来容易过活。正当朱元璋兄弟俩临别时哭诉时，一位好心的邻居汪大娘听到了，就想起了一件事，告诉朱元璋说，他的母亲陈氏曾经许愿，让朱元璋到皇觉寺去当和尚。原因是朱元璋生下来不久就得了噎病，吃不下去奶，因此差点半路夭折。

为了小朱元璋能够活下来，朱五四请了许多当地的乡间郎中来看，总是没有起色，于是就到皇觉寺去求告菩萨，许下了让儿子去做和尚之愿。求医无效，四处奔波的朱五四回到家里，又累又困之下就睡了过去。在梦里他梦到了一个和尚，告诉说朱元璋没事，只要到了时辰，自然会吃奶的，果然，朱元璋不久便能自己吃奶了。

虽然此事至此就告一段落，可由于婴儿时期营养跟不上，再加上身体虚弱，朱元璋还是经常有病，朱五四后来又想起了那个梦，就向陈氏讲了一遍，便产生了让朱元璋出家还愿的想法。

尽管说出家不光彩，但无论怎样，对于孤苦无援的朱元璋来说，在濒于饿死的情况下，到皇觉寺去避饥馑之灾，倒不失为一条生路。

汪大娘看朱元璋年龄尚小，若要单独去逃荒的话，难免路上会有什么危险，又把朱五四以前的话说给朱元璋已经成家的二哥听，二哥一听也是这个道理，就同意了。于是由汪大娘备齐了礼品，就把朱元璋带到

朱元璋像

了山上的皇觉寺中，求僧人高彬收朱元璋为徒。

僧人高彬见朱元璋一副结实身板，头脑灵活，吃饱了饭马上就有了精神，就觉得长老和身边也需要这么一个机灵的小和尚伺侯，端茶倒水，预备斋饭，而且寺庙里的杂活也得有勤快的人来干，所以，在征得住持同意后，就收下了朱元璋，充当行童。

行童其实就是一个小杂工，所做的事情非常多，也非常繁重。他剃了光头，穿上破衲衣，但是没有受戒，实际上是当了老和尚的小仆人。每天扫地、上香、打钟击鼓、烧饭洗衣，累得晕头转向，有时还不免受老和尚的训斥，如果其他的和尚们有要求，朱元璋也得听任他们的使唤。在寺院里，朱元璋的地位比长工都低一等。朱元璋开始倒觉得没有什么，因为这与在财主刘德家里所干的活没什么不一样的，总之就是有点累，现在唯一的好处就是不用担心三餐饿肚子了。

按朱元璋的内心要求，这样的生活可能还不太尽如人意。朱元璋曾经上过一段私塾，而且在小伙伴们当中还享有着非常高的威望，他的叛逆精神在其做牛倌的时候就已有所体现，比如他把财主的牛设计宰杀，并且还编出了一个弥天的谎话，挨了一顿毒打，已经能够表明朱元璋并非是池中之物，而是那种有勇有谋的少年英雄。然而，为了生计，现在他却要忍受老和尚和师兄们的喝来唤去。

朱元璋由于所分派的任务非常之多，做饭、递水、砍柴、洗衣等一系列杂活，一天干下来已经精疲力竭，毕竟是一个十六七岁的孩子，有些活对他来说还是过于沉重了点。这还不算什么，关键是每每干完这些活，等到他该吃饭的时候，却发现别的和尚早已经吃过，只给朱元璋剩下一些剩饭，而且由于朱元璋的行童身份，在做活的时候，朱元璋经常要看老和尚们和那些师兄们的脸色，而且经常是呼来喝去。面对这一切，朱元璋的心中也不平静，他万万没想到佛门静地竟如此等级森严，整天宣讲"众生平等"的僧人们为什么偏偏对自己这样不平等？由于心中有气，这个时候，潜藏在朱元璋内心深处的不平之心再一次闪现出来。

每天打扫佛殿是做行童的人的分内职责。在《龙兴慈记》里就记载，有一天，高彬和尚突然大发脾气，因为他看到佛殿里的香烛被老鼠咬坏了，他就追查起这是谁的责任，后来就追查到了朱元璋的头上，高彬和尚就指着朱元璋痛骂了一顿。朱元璋有气发作不得，只好忍受着高彬的指责，等到其一走，朱元璋就用扫帚把菩萨打了一通，并指责菩萨，说是菩萨掌管大殿，整天光吃供奉不干活，还纵容老鼠为害，实在该打，该打。

还有一回，朱元璋在打扫佛殿的时候，被伽蓝菩萨的腿绊了一脚，想到自己辛辛苦苦，起得比鸡还早，干得比驴多，而吃的比猪还差，全都是剩菜剩饭，而泥胎菩萨却有收受不尽的供奉，越想气就越不打一处来。再加之以前曾因老鼠咬香烛的事情自己被长老责骂了一通，愤怒不已的朱元璋不顾师兄弟们惊诧的目光，在伽蓝菩萨的背后写了"发配三千里"的字样，意思是让菩萨到三千里外的荒芜之地去充军，这件事使得其他的和尚目瞪口呆。

由两个故事可见，朱元璋的处世之道并不是一味地屈，也不是一味地伸，而是一屈一伸，张弛有道，面对着大环境的不可抗拒，朱元璋无奈之下，接受了命运的摆布，成了皇觉寺中的一个行童和尚，但这并非是朱元璋的志向，而是生活所迫，不得已而为之。

当朱元璋在寺庙里面也得不到自己想要的公平时，敢于反抗，不容和仇视不平的性格也随之显现出来。朱元璋本来对于在佛门中的压迫就已经不满。作为一个十六七岁的少年，他个性十足，具有很强的叛逆心理，对于身边发生的事情都有自己的一套想法，对于寺院中的人也有自己的判断标准。

当庙里的香炉被老鼠咬坏了之后，僧人们出于对徒儿们的严格要求，自然要对责任人做出责罚，这也是无可厚非的，而且找到朱元璋的头上，也并非完全冤枉。朱元璋毕竟还是一个孩子，好好地教训一番，或许还是有好处的。但是朱元璋心里也非常委屈，自己本来就做了很多的事情，又怎么能够分出精力来时刻不离地顾看这些香烛佛像呢？

但对长老的话又不能不听，朱元璋只好把这一股气撒到了佛像的身上，而且以一个孩子的心态完成了这种反抗，他把佛像打了一通，以此来完成了自己在"屈"之下的"伸"。

朱元璋在寺院里的日子虽然不是很好过，但总能填饱肚子，凑合着也能生活下去。但是，命运不会让这个后来的大明皇帝就此得过且过的。

但超凡的忍耐力并不能结束朱元璋的苦难。孟子说过："故天将降大任于是人也，必先苦其心志，劳其筋骨，饿其体肤，空乏其身，行拂乱其所为，所以动心忍性，增益其所不能。"单纯肉体上的机械劳动并不能使朱元璋脱胎换骨，要担起天下兴亡的重任，他需要接受更加艰苦地锻造。

没过多久，灾情愈来愈严重。皇觉寺原是靠收田租过活的，然大灾之年，任凭和尚们使出浑身解数，佃户也交不出粮食。面对僧多饭少的窘境，寺中的僧人无奈地派一些僧人外出乞食。于是，在寺里待了仅仅两个月、还没学会几句经文的朱元璋，就被迫煞有其事地"出门云游"了。

僧人到外乞讨，好听的说法叫做“化缘”，例如西游记中唐僧师徒就是一路化缘去西天取经的。此时的朱元璋正是如此境遇，甚至还不如唐僧师徒——毕竟唐僧师徒还怀着崇高的理想，有着忠诚的伙伴。而朱元璋孤身一人浪迹天涯，就是披着僧袍的叫花子到处乞食，全为苟活于乱世。

“我何作为？百无所长。依亲自辱，仰天茫茫。既非可倚，侣影相将。朝突炊烟而急进，暮投古寺以趍跄。仰穹崖崔嵬而倚碧，听猿啼夜月而凄凉。魂悠悠而觅父母无有，志落魄而徜徉。西风鹤唳，俄渐沥以飞霜。身如蓬逐风而不止，心滚滚乎若沸汤”。（《御制皇陵碑》）身如蓬草一般随风漂泊，无依无靠，没有止境，看不到前途和命运——是何等的落魄而凄凉。在淮西那片贫瘠的土地上，一个孤苦无依、食不果腹的少年，穿城过巷，山栖露宿，放弃自尊，无奈地扣开一户户的人家，默默忍受着路人的讥讽和嘲弄……这便是朱元璋的流浪生涯，这样的生活一过就是三年。

然而，朱元璋云游四方的三年，对他一生影响极大。三年来，他历经安徽、河南邻接地区的名川大邑，到处乞讨，受尽风霜之苦，但同时也了解到民间疾苦。在外游历，接触各种各样的人多了，接触社会上各种现象多了，世事洞明，人情练达，加上朱元璋本身的特殊性格，决断敢为，于是，促使他成为一个闯世界、创大业的人。

朱元璋那时连经也不会念，更不会做佛事，但他也只好装着个和尚的样子，一顶破箬帽，一个木鱼，一个瓦钵，背上小包袱，拜别了师父和住持，硬着头皮，离开了家乡。他四处飘游，到合肥，折西过固始、信阳，又转北而去汝州、陈州，东向鹿邑、亳州，就这样过了三年，回到了安徽皇觉寺。这三年的流浪生活，朱元璋游遍淮西一带大都名邑，

谋归一统

明朝开国奇谋

熟识了这片地区的河流、山脉、地理，尤其这一地区的人情、物产、风俗，使他见了世面扩大了眼界。

当时，正是元末农民起义风起云涌的时候，农民起义队伍的早期领导者之一——彭莹玉，当时就在淮西一带利用宗教秘密进行宣传和组织农民活动。彭莹玉所崇奉的神叫弥勒佛和明王，他宣传说：天下将要大乱，等弥勒佛和明王出世，穷人就有出头之日了。与此同时北方秘密宗教白莲教的首领韩山童，也进行同样的宣传。白莲教、弥勒教和明教原来是三个不同的教派，这时逐渐掺和起来了，教徒大多数是穷苦的农民、小手工业者、城市贫民以及游民。在三年云游中，朱元璋目睹国事日非，人民生活日益恶化，也了解到一些弥勒教众等在下层群众中进行的活动，预感到弥勒教宣传的天下大乱的时候快要来到了。就在这个时期他接受了这种思想，加入了秘密组织。开始结交朋友，物色有志气、有胆量、敢作敢为的好汉，为日后成就重大事业奠定了一定的基础。

对于一个普通人来说，三年并不短暂，更何况这是人一生最精彩的青春年华中的三年；但这三年的磨难对于朱元璋来说，却是至关重要的。在命运的神奇安排下，赤贫出身的朱元璋最终登上皇位。于是，扎根在朱元璋性格中的社会底层文化因子将无法避免地广泛蔓延到整个国家甚至整个民族的精神当中。可想而知，在这样的情况下，明朝将以何等与众不同的姿态展现在世人眼前。

第二章
顺时而动，崭露锋芒

"谋权"，并非单指谋取权力、地位，更多的是指一种改变人生命运的谋略。朱元璋身处逆境，寄人篱下，尚且能够在突发事件面前镇定自若，越是在绝望的时刻，他越能保持冷静，运用自己的机智，冲出复杂的困境，找出突破口，笑到最后。是的，识时务者为俊杰。一个人能够把天下大势都装在心里，顺时而动，成大事就会近在眼前。

顺时而动，投身军营

　　明太祖朱元璋早年投军这一事件，也许是其一生中做出的最重要的选择。"一浮云乎三载，年方二十而强"，初到皇觉寺，朱元璋过着做一天和尚撞一天钟的生活。但自云游回寺后，他的心却已被寺外的繁华世界所吸引。

　　朱元璋乞讨流浪了三年，直到至正八年（1348年）年底，听说家乡太平了，才回到寺里。在这三年中，他踏遍了淮西、豫北的名山大川、通都大邑，对这一带的风土人情、地势山川也颇为熟悉。他见了世面，开阔了眼界，丰富了社会阅历，也磨炼出了他的坚强意志，当然他也饱尝了颠沛流离的艰辛和痛苦。正是这种艰难困苦的生活造就了他勇敢坚毅的性格，也铸造了残忍、多疑的个性。这一时期的生活经历，极大地影响了他以后的事业。

　　回寺后的朱元璋"立志勤学"，读书、结交朋友。元至正十一年（1351年），全国性的反元大起义开始了。这一年，元顺帝下令征发十几万民工，来修复黄河故道。监工官吏克扣口粮，虐待民工，民工怨声连天。河南、河北等地广大人民生活在水深火热之中，他们除了反抗，已没有别的出路。韩山童和刘福通在韩的家乡广平府永年县（今河北永年）乘机发动起义。起义军共推韩山童为明王，他们用红巾裹头，因此称红巾军。不料起义那一天，被永年县官带兵进行突然袭击，韩山童被捕遇害。后来就由刘福通辅佐韩山童的儿子小明王韩林儿，指挥红巾军打仗，各地农民纷纷举旗起义，响应红巾军，朱元璋的家乡也闹腾了起来。

元末时，红巾军等各路义军突起，元朝统治者惊恐万分，钟离县是濠州州府治所在地。同一时里，定远人郭子兴和孙德崖等人率领一支几千人的农民队伍，冲进州城，杀了州官，占领了濠州城。元将彻里不花率领官兵前来镇压，不敢同起义军开战，却经常捉拿老百姓充作被俘的红巾军，向上级邀功请赏。这样一来老百姓人人自危，许多人索性投奔濠州城内的起义军。

不管怎么说，元末农民起义算是风起云涌地展开了。"当是时，元政不纲，盗贼四起。刘福通奉韩山童假宋后起于颍，徐寿辉僭帝号起于蕲，李二、彭大、赵均用起于徐，众各数万，并置将帅，杀吏，侵略郡县，而方国珍已先起海上。他盗拥兵据地，寇掠甚重。天下大乱。"（《明史·太祖本纪》）在很短的时间内，各地群雄并起。

而此时的朱元璋在干什么呢？

朱元璋经过了三年的流浪生活，重新回到了皇觉寺，做起了吃斋念佛的和尚。种种迹象表明，这时候的朱元璋并没有参加起义军的意图。当然原因很简单：起义是要承担风险的。对于一个随时可能掉脑袋的事情，谁都会仔细斟酌。倒不是朱元璋贪生怕死——因为不计后果率性而起的从来不是英雄，而是莽夫；只有那些善于忍耐、懂得把握时机的人才是真正的英雄。朱元璋的持重就是出于这样的原因。

俗话说："枪打出头鸟，刀砍地头蛇。"在元末群雄并起的时代，朱元璋继续蛰伏的选择极为聪明。翻开历史，不难看出，在历朝

第二章 顺时而动，崭露锋芒

历代的农民起义中，那些行动最早、呼声最高、实力最强的往往都是死得最惨的。秦末的陈胜、吴广高呼"王侯将相宁有种乎"，何等意气风发！结果不到半年的时间，两人先后被杀。又如唐末的黄巢，一句"冲天香气透长安，满城尽带黄金甲"同样豪情万丈，但也逃不出兵败身亡的结局。

元末起义最早、人气和呼声极高的韩、刘二人显然无法成功，其原因有两点。

第一点，虽然元朝已是大厦将倾，但瘦死的骆驼毕竟比马大。一个王朝的积淀不容小觑，面对这些义军，元帝国总是要做一番拼死挣扎，矛头自然抬向人气最高的韩刘义军。韩刘必将承受旧势力的疯狂反扑，自身尚且难保，何谈积蓄力量、发展壮大？

第二点，元朝之亡虽属必然，但并起的群雄所盼望的是"逐鹿天下"的局面；韩、刘声势太盛，必然被各地群雄视为最大竞争者，难免遭到各地诸侯的群起而攻。

对朱元璋来说：成佛是暂时的，起义则属必然。朱元璋虽身在佛寺，但心却无一日不想着那尘世间的种种，因为此时的朱元璋已有三点资本。

首先，他有见识。数年的流浪生涯，朱元璋的足迹遍布光、固、汝、颍诸州，对淮西一代的山川地貌、风土人情有了深刻的了解。

其次，他有本领。从《御制皇陵碑》一文就可以看出，朱元璋还是有些文采、有一定文化的。在皇觉寺蛰伏期间，朱元璋发奋读书，广泛涉猎各类书籍。而年少时的苦难经历，更是铸就了他坚毅、果敢的性格。这一切的一切都在后来朱元璋称雄天下的过程中起到了举足轻重的作用。

第三，他没有后顾之忧。此时的朱元璋，父母已逝，孑然一身，了无牵挂。没有家庭与亲人的束缚，他已敢于放手一搏；在乱世之中，朱元璋大可以更加灵活地选择适合自己发展的道路。

无论从哪方面来说，此时的朱元璋已经做好了参加起义的准备，但他依然蛰伏着，不参加，然不代表不想参加，朱元璋时刻关注着时机的变化，等待着一个供他横空出世的绝佳机会。

一件偶然的事情，更加快了朱元璋投奔义军的进程。

一天，他幼时伙伴汤和捎来一封信，说他已经做到义军的千户长了，劝他也去加入。虽然朱元璋看完之后，把信烧了，但厄运还是降临了。他的同房师兄偷偷告诉他，有人把他看义军信的事要向官军告发，朱元璋一听，慌忙跑回村，找到从外乡回来的周德兴商量，在被迫无奈之下朱元璋才决定投奔义军。于是，在幼时伙伴汤和的引见下，朱元璋就投奔了濠州的郭子兴，加入了抗击元朝暴虐统治的队伍中。

朱元璋投奔义军确实是被逼无奈，他自己多年之后也认为他是选择了一条最艰难的路程，也正是这条荆棘满途的路把他送上了皇帝的宝座。这一年，朱元璋25岁。

傍上贵人，获取信任

朱元璋因被人告发，被逼无奈，终于下定决心，于至正十二年（1352年）投奔了濠州郭子兴。这天早上，朱元璋收拾好行李——其实

就一只小布袋里的几件衣物而已，跨出皇觉寺大门，踏上了去往近邻的濠州的路途。朱元璋是要去"参军"的。

明朝的皇冠

此时，濠州城内驻扎着的数千红巾军已被元军盯上，元政府的彻里不花率大批精兵前来围攻，逼迫红巾军退到城南三十里处休整。城里城外均被一股紧张和肃杀的气氛笼罩着，稍有风吹草动，懦弱者就要害怕一阵。

朱元璋到了濠州城下。因为当时濠州被元军重重围困，所以当一个穿着极其破烂的和尚要入城时，被守城巡逻哨探误认为是奸细，用绳索捆了，派人报告郭子兴，请令旗要杀人。

此刻负责守城池的郭子兴在他的元帅府内紧锁眉头，在脑海里思索着一条完美的守城大计。这时走进一小头目，禀报说在城门口活捉到一个自称要来投军的探子，呼喊着要见大帅。苦恼于元军围困的郭子兴正在气头上，听到有"探子"来访，自然来了兴趣：官军都要杀进城来了这人还来投军，自己不妨亲自去探个究竟。

郭子兴听了缘由，觉得蹊跷，于是骑快马赶到城门口。郭子兴下马端详来人：此人相貌甚是奇特，"地包天，下巴突出，额头也向前凸出"，头部呈上下凸出，中间凹陷形状，侧看如月牙。但气质不凡，正是"志意廓然，人莫能测"（《明史·太祖本纪》）。也就是说，郭子兴见到一个个子高大，长得怪头怪脑的丑和尚，五花大绑，捆在拴马桩上。衣服虽然褴褛，露出的肌肉却很结实，眼睛里充满着火气，神色镇定，毫不害怕。

朱元璋可能没有料到，眼前这个带有几分威严的人竟是他一生中的大贵人，一个懂得赏识、愿意重用他的人。尽管后来的郭子兴对朱元璋也有些压制和猜忌，但仍多以信用、提拔为主。朱元璋在郭子兴的提携和栽培下，事业蒸蒸日上。

郭子兴质问他是否是探子，来此地何事，又恐吓他若敢狡辩，就立即叫人拉出去砍头。朱元璋起初还有点紧张，但对此次来投军的风险他早有准备，就索性平静下来："都来了，还怕什么！"所以他镇定地回答了大帅的提问。

令郭子兴出乎意料的是，他从眼前这个人的眼神里看到的是镇定，而非惊慌。平时看惯了手下唯唯诺诺的郭子兴，突然见了一个不惧威严的人，不禁眼前一亮，心里对来人颇为欣赏。

于是，郭子兴叫人放开朱元璋，细细问了详情。原来，这人确实是来投军的，正是他部下汤和写信叫他来的，和红巾军中好些兄弟都有来往。结果，郭子兴发现此人果然不凡，不仅身材魁伟挺拔，而且还确实具有一种反元的斗志和信念，于是就先把他收为门下的一名兵卒，以观后效。朱元璋在后来写《御制皇陵碑》时还记着这件事"即起趋降而附城，几被无知而创。少顷获释，身体安康"。从这天以后，25岁的朱元璋如愿加入了红巾军，开始了他长达十余年的战斗生涯。他被编入郭子兴的亲兵队伍，郭大帅成了他的直属上司。

朱元璋这就算当上了兵，除去和尚装，系上红头巾，穿上战服，便整日跟弟兄们上操，练习武艺。由于初到义军，没有什么背景，人生地不熟，在起义军队伍当中没有人为他撑腰，那些将领们对于朱元璋更是一无所知，也就更别提什么受人赏识、重用了。

第二章 顺时而动，崭露锋芒

但是，既然现在已经是走上了绝路，也只能一条路走到黑了。身在义军的朱元璋现在已经没有任何退路可言了，怎么办？恐怕唯有拼命地创造机会表现自己，才能实现胸中的梦想，像外祖父那样飞驰沙场。

由于朱元璋体格好、记性好、见识广，才十几天就已成为队里的拔尖人物。几次出城哨探，他计谋多，有决断，态度沉着，临机应变。他在训练上表现得异常出色，不仅能够完成训练任务，而且还能时时有所发挥，充分显示了积极的进取心和事业上的主动心。这种行为是做首领的最为高兴和欣慰的，郭子兴是看在眼里，记在心上，在不知不觉中已经把朱元璋引为亲信，觉得他是一个可造之材。

这就是说，此时由于朱元璋自己的出色表现，已经引起了统帅郭子兴的注意，初步达到了目的。朱元璋的做法非常简单，由于他的基本素质好，加上他自觉表现自己的长处，在日常的工作训练中积极主动，处处表现出与众不同，很自然就在义军中显得鹤立鸡群。

但是，战争是残酷的，不管在训练场上表现得如何出色，都不能代表在战场上同样出色，有的人往往在只会在虚假中蒙骗他人，而真到关键时刻根本派不上用场。对于这一点，郭子兴早已心知肚明。朱元璋是一个可造之材，但这毕竟只是一种表象，也许真的到了战场上，他连人都不敢杀，那不是瞎耽误事吗？由于对朱元璋的战场上表现还缺乏直观的认识，所以还是得"是骡子是马牵出来遛遛"。

于是，在出兵打仗的时候，郭子兴就有意把朱元璋带在身边，以此来考查朱元璋在战场上的能力。这一考查，发现朱元璋在战场上的表现也同样出色。在起兵反元初期，起义队伍中最需要的就是人才，郭子兴能够比别人更为深切地重视这一点。因而朱元璋的出现，对于惜才爱才需才的郭子兴来说，发现自己招到了一个才俊，他心中的欣慰是可想而知的。

作为郭子兴的护卫亲兵，朱元璋主要的职责就是保证主帅的安全。一般来说，出身贫苦的人家的子弟最有可塑性，忠实厚道，为人本分。而朱元璋的作为正表现出这一特点。他的可贵处在于非常尽职尽责，在郭子兴的马前，经常掩护郭子兴，并且在掩护之余还能奋勇杀敌，为郭子兴立下了不少的功劳。

朱元璋每次打仗都非常勇敢，无论遇到何等强敌，总是奋不顾身，冲锋陷阵。每次出去，总是立了功，不损伤一人一卒，喜欢得连队长遇事也和他商量了。一日，郭元帅带着亲兵出来巡查，经过朱元璋的营房，全队排成一字向主帅行礼。朱元璋身材高大，排在队头，于是郭元帅顺便问起这怪和尚的表现，大家都纷纷夸赞。郭子兴大悦。

朱元璋在帅府里鞍前马后，十分勤快。他有勇有谋，身先士卒，立下不少战功。每次得到战利品全献给元帅，得到赏赐，平分战友。他又认识一些字，队伍上的书信、布告都要他解说。几个月后他在军中有了很好的名声，以至于郭元帅也当他心腹之人，共议军事了。

朱元璋在军营中渐渐崭露头角。他看得出郭子兴对自己有意栽培，于是甚是卖力。路遥知马力，认识朱元璋越久，他身上异于同龄农民士兵的特点就越发被郭子兴看好：这个年轻人思路清晰，说话做事有条不紊，交给他的事无不办得妥帖；他不浮躁，不莽撞，没有一个同龄人有他的那份稳重干练。

朱元璋在沙场上也是勇敢无比，在亲兵里可谓出类拔萃。

关于朱元璋的勇敢战斗精神，文献上有两段可以互为补充的具体记录。

《明太祖实录》记载："郭子兴……凡有攻讨，即命（朱元璋）以

第二章 顺时而动，崭露锋芒

往，往辄胜，郭子兴由是兵益盛。"

查继佐的《罪惟录》记载："郭子兴骁勇善战，每出，太祖（朱元璋）从旁翼卫，跳荡无前，斩首获生过当。"

《明史·郭子兴传》也简称朱元璋投奔后，"数从战有功"，究竟功在何处，语焉不详。综观全部记录可以看出：朱元璋在战斗中是十分勇敢的，战功卓著，无与伦比。

在主帅郭子兴亲自领兵出战的时候，他担当起主帅的保驾护卫的角色，所向披靡，使主帅本人既有胜利的喜悦，又有安全感。当主帅在家留守，令部下自行攻讨的时候，也唯有朱元璋一人"往辄胜"，无败仗记录；不仅斩杀敌兵是"过当"的，而且生俘人数也最多，结果使郭子兴的义军队伍迅速壮大起来。这样的英勇无畏的青年，怎能不叫人喜爱呢？

不到一个月的时间，郭子兴就深刻地感觉到朱元璋不仅是一个可以引为心腹的人，而且还是一个大有可为的将才。为了更好验证自己的观点，他把朱元璋调到了元帅府当亲兵，为了显示对朱元璋的赏识，还提升朱元璋为九夫长，开始领导九人的队伍。他总是身先士卒，所获的战利品却从不中饱私囊，队伍里的人都乐意听其指挥，连职位高他一截的汤和都经常围着他转，小事大事都前来咨询一番。

郭子兴其实是个草头王，地主出身的他全凭自己一手壮大起来的队伍守卫着濠州城池。他想广聚天下英才，培养一帮自己的亲信，以发展壮大自己的事业。眼前这个朱元璋确实不凡，郭子兴有意将他培养成自己的心腹。

由于朱元璋曾经读过几天书，处事很有些见识，郭子兴遇到什么事情也经常找他去商量、探讨。在问题的分析、解答过程中，郭子兴发现朱元璋对问题的分析不仅透彻，并且总是能从他那里得到满意的答案，郭子兴对朱元璋也更加信任了。

能够做到这个份上，朱元璋的努为应该说已经得到了最好的回报。由于自己的升迁，他已经成为郭子兴的一个亲兵，也更加与郭子兴接近，这就为展示自己的才华创造了有利条件。朱元璋的成功在于勤奋刻苦，关键是还能把握住晋升道路上的尺度，在与郭子兴的交往中，他很注意把自己在军事指挥方面的才能向郭子兴做进一步的展示，为以后的持续发展奠定了基础。

朱元璋的可造之处在于，他的脚步并没有在此停滞不前，他还拥有更为高远的目标。长期身处义军的队伍之中，他有了一种更为深刻的认识，那就是自己身边的这支庄稼汉组成的队伍，以及其他红巾军队伍的素质都不是很高，并没有太多让人敬服的人物。从他的内心来说，这与他所想象的那种正规军队有很大的出入，因此他看不起这些起义军。也许这正是他日后带军领军的基本立足点和出发点。

朱元璋的这种认识并非是没有根据的。郭子兴在起义的当初，由于考虑到以自己的鄙薄之力实在是难以与强大的元朝的军队相抗衡，他就联系了当地的其他几个豪强一同举事。这联合起来共同反元的统一战线，说是联盟，但也存在着致命的弱点，那就是指挥权力不能统一，谁也不服谁。由于其他的几个人的势力比郭子兴的还要大，因此，在指挥权力的问题上，郭子兴有的时候就难免要听从他人的指挥和安排。况且郭子兴本人在性格上有所缺陷，他为人傲慢，易猜忌，缺少气量，而且好记仇，因此与其他的几位将领的关系处得并不是太好。

朱元璋对于义军的看法，郭子兴并不是没有想到。与他一块起事的那几位将领，说真的没有一个称心如意的理想伙伴，那些人其实也都是一些土豪，目光短浅，且不懂政治军事，只是迫于元朝的压迫才起来反抗，但并不想彻底推翻元朝的政权，只是想自保一方，所以在军纪上自然也就不如郭子兴的军队严明，而且领导才能也不如郭子兴高超，只是在权势上要比郭子兴略强而已。郭子兴认为这样下去，终非长久之计，因为反元斗争是一个长期的、艰苦的过程，没有一支有着良好军纪和训练有素的军队，怎么能够在这场艰苦的持久战中取得优势，占尽先机，并取得最终的胜利呢？现在义军所缺少的正是这点。

其实，郭子兴还是有一点军事才能和政治眼光的。他虽然知道对于这一群农民组成的队伍来说，素质差是必然的，但终归有一个良好的信念，那就是以反元拯救自己。这一点就是"质的飞跃"。郭子兴知道自己也不能完全做到正规军队所要求的一切，但是他把自己所控制的义军向正规军队上尽力靠拢。如果能遇到一个与自己同心同德，而且又能为自己忠心做事的人，自然是再好不过的了，而朱元璋恰恰是这种人，无论从哪一个方面来讲，都是上上之选，可造其才。

更让郭子兴忍无可忍的是这几位胸无大志的义军领袖，性格虽然憨厚，但是却只知道纵容军队抢劫百姓财物。自视清高的郭子兴又不善言辞，与他们几个人全都合不来，经常借故不与这些人一起议事。时间一长，这几个人开始对郭子兴的动机起了疑心，开始时时刻刻提防起郭子兴来。

这个时候的郭子兴是非常苦闷的，他的抱负得不到施展，而且由于与起义军将领在权力问题上的分歧，使得他几乎变成了孤家寡人。朱元璋来到了他的身边，无疑是一种安慰。他的意见常常与郭子兴相一致，这实在是难得。正缘于此，郭子兴更加愿意与朱元璋亲近。在郭子兴心目中，由于处境的孤单，使他觉得在偌大的濠州城内的起义军阵营中，看来也只有朱元璋才是可以依靠的。

朱元璋与郭子兴二人，可谓是"英雄知英雄，英雄惜英雄"。总之，基于上面所说的考虑，朱元璋不久便被郭子兴任命代替自己出兵作战。在战场上朱元璋不但亲自上阵，带头深入敌后，而且还一起坚持到战斗结束，并取得了非常丰厚的战果。

朱元璋为人仗义，他把所获得的战利品都分给了部下，从而更加赢得了部下的忠心。士兵们也知道了跟着朱元璋作战，不但能够打胜仗，而且还能够得到应得的报酬，因此，士兵们作战更加积极勇敢，而朱元璋也因此兵力扩展很快。由于朱元璋是郭子兴一派的人，所以，连带着使得郭子兴的威望也后来居上，几乎要压倒其他一同起义的诸位将领。

郭子兴从上述朱元璋一系列的表现中，发现他不仅冲杀在前，享受在后，而且还深得士兵们的拥护和爱戴，由衷觉得此人不寻常，豪杰之士将来必有前途。

可见，在大乱之世，风云变幻莫测，只有那些有正气、讲忠信、勇敢，而且不乏智谋的人，才能具有获得成功的把握。在朱元璋身上，这些品质恰恰全都具有，所以，他能成大事、做大事也就不足为奇了。朱元璋所以能在短短的时间内博得郭子兴的特别宠信，完全是由于他以仁的宽广胸怀，出色的智谋和英勇无畏的战斗精神，彻底征服了人们的心，彻底征服了郭子兴自己及其周围的所有人的心。

为此，每个人都不必抱怨生不逢时，抱怨没有机会，无法展示才能，其实这是一种很急功近利的想法。其实一切的一切都是由主观因素来决定的，只有自己努力了才能有所表现，才会被别人发现进而赏识，才有可能得到重用。朱元璋就是一个很好的例子。

入赘为婿，伉俪情深

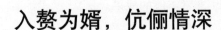

朱元璋一个平常士卒，为何会被郭子兴看中，又选为女婿呢？这得从朱元璋本人的表现说起。

朱元璋本身表现得不错是他和郭子兴能结翁婿之亲的一个缘由，而当时军中的情况也令郭子兴不得不找一个得力的帮手作为贴己之人。郭子兴心想：除了父子、兄弟关系最亲外，再有，就是姻亲关系了。于是，郭大帅一拍脑袋，自己不正有个适龄的义女吗？就和夫人商量要招赘他做上门女婿。

郭子兴正好有个义女年方二十，早已到了谈婚论嫁的年龄。此义女是他的至交马公的小女儿。这位马姑娘的名字不详，民间习惯称呼她"马秀英"。据说这马姑娘有一双天足，人称"马大脚"。马姑娘早年经历过艰难困苦，个性坚韧，做事谨慎。她"有智鉴，好书史"（《明通鉴》）。

马姑娘的生身父亲马公本是宿州闵子乡新丰里的富户，善结交，秉性耿直，后因杀人，带着小女儿投奔了郭子兴。郭子兴起兵时，马公回宿州策应，但不久故去，留下的这小女儿马氏，从此由郭子兴开始收养。此女由他的第二夫人张氏抚养，并正式收为义女。马氏聪明贤惠，端庄温柔，善解人意，且"知书精女红"。郭子兴想到要成就大业，身边就必须有一个像朱元璋这样的精明能干的帮手。于是他多次与当时谋事颇有见识的次夫人张氏商量，想将马氏许托给他，招他为义婿。

张夫人这边对朱元璋的为人早有耳闻，认为义女嫁给他不会受罪。更重要的是夫君兴事成大业，需要有能人相助，故欣然同意。而朱元璋平白地做了元帅的娇客，前程有了靠山，更何况元帅是主婚，自然满口应承。而郭子兴也为自己找了一个得力助手，各得其所皆大欢喜。

于是，郭子兴在征求了朱元璋本人的意见后，便在两名夫人的张罗下，择日为朱元璋和自己的义女马姑娘成婚。而这位马姑娘就是日后的那位助朱元璋一臂之力的马皇后。

关于朱元璋在郭子兴的军门前被疑为间谍和险遭杀害一事，后世史家似乎都不大重视，几乎所有文献都是轻描淡写一笔带过。实际上，朱元璋却永生难忘，只要看朱元璋后来一谈到郭子兴，总是情不自禁地视郭为自己的救命恩人和再生父母，便完全可以想见当时的危急情景。朱元璋在短短不到一年的时间里，竟能奇迹般地由一名被疑为间谍欲判为死囚的人一跃而为元帅的至亲、心腹，并得以享受独一无二的恩宠和信任，这种殊礼绝非一般的平步青云，其真谛何在呢？

谁也没有料到，一桩婚姻大事就这样促成了。对于朱元璋来说，真可谓是天上掉馅饼，撞了个头彩！一个穷小子竟然娶了元帅的女儿为妻。真是福人、福相、福分大！连他自己都觉得好像是一场梦，简直连做梦也没想到，但如今是梦已成真。

朱元璋娶的这位夫人即是后来相夫得道、教子有方、母仪天下的马皇后，也就是历史上有名的大脚马皇后，是他完成帝业的坚强后盾和贤内助。郭子兴选朱元璋为婿，可以说有伯乐之识。朱元璋为郭子兴立下了汗马功劳，使他多次化险为夷，救其于危难之时。

始建于明太祖朱元璋时期的钟楼

　　马秀英嫁给朱元璋以后，夫妻二人恩爱有加。连年激战之时，马氏带领将士的妻子制军鞋、战袍，鼓舞士气。当陈友谅率军猛扑而来的时候，她又将后宫的财物捐献出来，奖赏前方作战的将士。朱元璋后来杀戮渐重，无人敢劝，马皇后及时劝谏，因此很多人得以保全。有人传言参军郭景祥的儿子想要杀父，朱元璋要杀掉他。马皇后劝说道："景祥止一子，人言或不实，杀之恐绝其后。"这样朱元璋才没有下旨，后来经过调查，果然是冤枉。

　　成功男人的背后总是站着一个了不起的女人，这话用在马姑娘身上可一点儿也不假。马姑娘旺夫，随丈夫南征北战的她最终助夫君成就了帝王之业。

　　朱元璋成了义军元帅郭子兴的乘龙快婿之后，顿时身价百倍，士兵也对他刮目相看。第一次有了地位，前途也越发远大。从此，他也有了靠山，更加受到了义军的拥戴，人们纷纷称他为"朱公子"，他的心里充满了感激之情。因为地位的变化，他不再用"重八"的旧名，而取了一个官名叫元璋，字国瑞。地位的变化无疑就像给朱元璋打了一针强心剂，从此，率军出击，常常打得元军落荒而奔。他先后攻打五河，攻取定远，攻克南宿，继而是征讨大店、固镇等地，颇有战功。

智勇双全，救出岳父

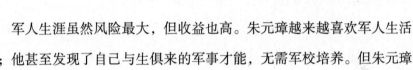

军人生涯虽然风险最大，但收益也高。朱元璋越来越喜欢军人生活了；他甚至发现了自己与生俱来的军事才能，无需军校培养。但朱元璋年纪轻轻，资历又浅，晋升太快的他难免引来郭子兴手下其他总兵官的不服、不忿，甚至嫉妒。风头过健，往往都会成为众矢之的；不过，能成为众矢之的，往往因为人家的能力就摆在那儿。

慢慢地，流言蜚语越传越离谱，说什么朱元璋是靠"娇客"的身份上位的，说什么"出生入死不如娶个好老婆"，等等。

朱元璋有了郭子兴这座"靠山"，遭到很多人的妒忌，倒还在其次。最重要的是，郭子兴所在濠州红巾军中存在着各种各样的矛盾。尤其几位将领之间。濠州红巾军中的主要将领是郭子兴和孙德崖。出于各种考虑，他们无不想着争权夺利，期盼着当老大。在这些人中，论领导才能或政治能力属郭子兴最为优秀，尤其当初攻占濠州时，他起了主要推动作用，他善计谋、懂军事、识大局。可是论实力和名次郭子兴却只居第五位，实力最强的要属孙德崖。在五个头目中，除了郭子兴是地主出身，其余四个都是农民。孙德崖等四人都是鲁莽粗直的庄稼汉，他们不识字，见识短浅，胸无大志，性格憨厚而缺少战略头脑，每次打完仗只知道抢掠财物、吃喝玩乐，对于安抚民心、军队建设等一窍不通，这让郭子兴很是看不惯。郭子兴为人刚直孤傲，不肯屈于他们，还时时奚落他们一番。如此便出现了一种隔阂，形成了一种尖锐的矛盾。

每次开会，四个人统一战线，矛头齐指郭子兴；郭子兴与他们四个难有意见一致的时候，也就越来越不想参会。如此一来，四个人就更有理由指责郭子兴，经常语言粗鲁，到最后，干脆都不听他的意见；郭子兴也瞧不上这四个人，说着说着，通常到最后就开骂。双方猜疑不断，红巾军领导集团貌合神离。

矛盾公开化之后，郭子兴的第一个反应就是回避，他经常不参加会议，由此被其他的几个将领怀疑。朱元璋看到了这种情况，暗暗为郭子兴捏了一把汗，他私下里找到郭子兴，为他出谋画策。

朱元璋说："就目前的情况而言，任何一个人从起义军中分离出来，必然会被元朝的军队所击垮，所以这个时期切记不可搞什么不必要的内耗，这是完全要不得的。咱们要放下架子，与孙德崖他们打成一片，才不会被元军或者是别人从中挑拨离间。希望您还是要多多参加他们的会议，多听听他们的意见，与他们交流一下看法，这样次数一多，就会使彼此互相了解，也更能够增加理解了。由此形成一种良性循环，其间所造成的误解自然就容易消除了。"

郭子兴认为朱元璋说得有理，日后还真的按照朱元璋所说的那样做了。可惜好景不长，或者说是江山易改，秉性难移，郭子兴在一次议会中又与那四位将领争执起来，这回他们可是彻底闹翻了。

从此之后，红巾军濠州部队内部的矛盾已经公开化，矛盾的一方是孤高耿直的郭子兴，另一方是性情憨直的孙德崖为首。这回他们真的是老死不相往来了，郭子兴和他们关系闹翻后不再参加原来的会议，又使得双方互相猜疑和提防，生怕对方设下陷阱，发生火并。

此时年轻有为的朱元璋因受郭子兴派遣，正在淮北怀远、安丰一带对元军作战。濠州城内的大本营却是矛盾四起，势同水火。

在此之前，芝麻李、赵均用、彭大等响应刘福通起义，占据了徐州等地，拥兵10万，声势浩大，对元朝已形成了一种巨大的威胁。于至正十二年（1352年）九月，元朝丞相脱脱统兵10万，兵临徐州城下。

在此之前，元朝命淮南宣慰使贾鲁招募了当地盐丁及骁勇健儿三万，穿黄衣、戴黄帽，号称黄军，包围了徐州城，作为攻打徐州城的先锋部队。元朝丞相脱脱采纳了宣政院参议的强攻之计，以巨石作炮，昼夜猛攻，一举攻入城内，并下令屠城。芝麻李奋战突围，转战湖北，投奔了徐寿辉，后随明玉珍转战四川，最后出家为僧，遁入空门，而另两位大将彭大和赵均用突围后率领其余部队投奔了濠州。他们的到来又在濠州的矛盾中加进一把火。孙德崖等人想联合赵均用、彭大来孤立、打击郭子兴，但赵、彭二人来到濠州后也发生了矛盾，结果是赵均用与孙德崖等人气味相投，虑事有谋、专权自大的彭大与郭子兴成为友好，故为亲近。这样一来，濠城内矛盾更加扩大，两派势力的争斗进一步公开，终于导致了绑架郭子兴事件的发生。

赵曾因听了孙德崖挑拨，恼恨郭子兴只尊重彭大，轻视自己。这一天，赵均用见到了独自在大街上走路的郭子兴，突然萌生了绑架谋害之念，便派手下随从一拥而上捉拿了郭子兴，将其押到孙德崖家宅，投进了地窖。郭子兴的部下一时无主，处于被动地位，竟无一人设法救主。

此时正在前线的朱元璋对濠州城内的矛盾自然深知根底，时刻关心着局势的变化。

由于郭子兴不会收敛自己，做人不够低调，倒霉事自然就来敲门了。

他怎么也没料到，在大街上走走危险系数竟也这么高——他让人给绑了。郭子兴后悔不已，怪自己低估了孙德崖、赵均用那帮小兔崽子。更叫人失望的是，自己的手下竟无一人挺身而出，连两个亲儿子都吓得躲了起来。任凭郭子兴心里呼救百遍，他最终还是被押到孙德崖的住所。直到被打得只剩一口气，郭子兴方才知道这些人原来要把他往死里整。

而此时的朱元璋正在淮北与元军打得不可开交。当他听郭子兴元帅府来人报告说郭子兴已被赵均用、孙德崖抓了起来，赵、孙在伺机搜捕郭子兴全家，包括朱元璋，希望他回来后千万不要露面。当朱元璋听到这些之后，他还是一惊：没想到，孙德崖这帮人这么心狠手辣。他不得不先放下战事，边疾驰回濠州，边思索着救人策略。作为郭大帅的亲信，朱元璋势必也同是那伙人的目标。

这一方面是因为郭子兴于他有知遇之恩，而且这一事件直接关系着他的家庭幸福和安危存亡。朱元璋在打道回府的路上，一个濠州方向来的熟人提醒他说，现在回去正中了那伙人的下怀，濠州可万万回不得。朱元璋大义凛然，急切说道："郭公是于我有厚恩的人，现在有难而我坐视不救，身为大丈夫，还有什么仁义可言！"

朱元璋现在考虑的是：郭公既是他的上司，也是他的恩人兼岳父；恩公有难而不及时搭救，他朱元璋必然会被唾沫淹死。做人当知恩图报，这一品德朱元璋还是有的，这也让郭子兴欣慰当年真没看错人。

再说，朱元璋也不再是当年那个四处流浪的小和尚了，他很在意自己给别人的印象，已经有了目标的朱元璋正打算先把自己的良好形象树立起来。

他心意已决，就这么办。当夜到达濠州岳父家，郭子兴的夫人和马秀英都不在家，估计是打听消息去了，家里只剩几个不主事儿的人留守。问起郭子兴的几个儿子所在何处时，这些人当他是外人，分寸大乱，竟没有一个人透露消息，甚至还有人怀疑起朱元璋。

这倒可以理解：郭子兴已被扣押，生死未卜，朱元璋如不说明来意，这些人哪里肯说实话。朱元璋表明了自己身份，同终于露面的郭氏兄弟仔细商量救人策略。

朱元璋深知岳父与这几个人的恩怨，岳父对彭、赵二人厚此薄彼，他也悉数看在眼里。绑架一事必然是赵均用指使，朱元璋对这点很有把握。如此分析一通，要搭救岳父，自然也就只能求助彭大了。大家听后也觉得有理。朱元璋与郭氏兄弟急忙赶至彭家。

其实，朱元璋的这一分析真是正确，不仅体现了他敏捷过人的才智，更使人钦佩他处变不惊、临危不乱的气度。朱元璋与郭氏兄弟见到彭大后，向他陈说事实，分析利害得失，说："论郭公的智谋，在濠州城内可以说是高于别人的，也正因于此，他遇事少与四位元帅商议，由此招致他们的忌恨。如今他们这种行为明摆着是拆台，自古以来大事难成，难就难在有一帮嫉贤妒能之人。"

朱元璋的话刚好说到彭大的心上。其实，彭大也已听说郭子兴被扣押一事，一直静观其变。见到彭大，朱元璋把郭子兴因与彭大来往频繁而使赵均用怀恨在心，因而对郭子兴下毒手的利害关系说了个清楚。

唇亡齿寒，郭子兴遭扣押，下一个难免就轮到彭大。听完朱元璋一席话，又联想到他和赵均用矛盾的公开化，原因也正在这里。彭大原本就赏识年轻有为的朱元璋，认为他是难得之才，此时听他说得在理，又听说一帮人要害郭子兴，不由就燃起了一股怒气，说道："没事，你甭怕，有我彭某在此，看他们谁敢胡来！"当即叫人集合队伍，要去包围孙德崖家。朱元璋见状也立即回家换上盔甲戎装，以亲自营救郭子兴。

孙家被团团围住，彭、朱等人由于救人心切，同时也是为了少生变故，未经交涉，朱元璋即和彭大所部逾墙而进，爬上屋顶，行动之中斩杀了孙德崖的祖父母。四翻八寻，终于在一处黑窨子里找到郭子兴。只见他戴着镣铐，遍体鳞伤，处于昏迷状态。众人将镣铐卸下，背大帅回府。

这是当时濠州义军领导内部所发生的一次最大的互相残杀事件。如果没有朱元璋的赴救，郭子兴这支义军队伍可能便从此完结了。在此紧要关头，朱元璋再一次显示了见义勇为的精神和知恩必报的品格。

朱元璋临变时善于分析利用各派矛盾，利用了彭大这个潜在的对手，让他出面化解了一次危机。此举也体现了朱元璋作为一名前景远大的青年首领的责任心和道德操行，这对奠定他在军中和诸多起义将领中的威望无疑是大为有用的。

虽然朱元璋救出了郭子兴，但濠州红巾军的内部矛盾并没有解决，只是暂时制止了一场火并。自此，濠州城里的气氛也变得空前紧张。这一笔账，郭子兴一直记在心里。不过，这场事变对于朱元璋来说却是颇有意义的，这使他在具有一定处理军务的经验和指挥作战能力的基础上，又平添了处理突然事变的应变能力和政治斗争的经验。

翁婿矛盾，不可调和

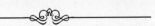

经历了救出郭子兴这件事，朱元璋的忠勇和智慧逐渐体现出来，不

仅镇住了孙、彭、赵等人的威风，周边人对他的好感也与日俱增。然而这件事也使他开始思考，跟着这帮人是否还有前途。

郭子兴性格火暴，气量狭小，作为濠州城的一名统帅，是不会让任何一个危及自身地位的人留在麾下的。眼看朱元璋的实力日益强大，郭子兴的压力也越来越大。终有一日，在岳父大人猜忌及被他人怂恿之下，朱元璋被关了禁闭。恰逢当年收成不好，因此朱元璋时常挨饿。郭子兴的几个儿子欲趁机置他于死地，想活活饿死他。两天后，妻子马秀英得知这一消息，随即烙了一块饼，准备趁看丈夫时悄悄带给他。快到关押的地方门口时，马秀英看到郭子兴的几个儿子远远走来，她以迅雷不及掩耳之势将刚烙好的滚热的饼揣入怀中，等把饼送到丈夫手里时，怀里的那块皮肉已经被烫伤了。

其实，郭子兴对朱元璋只是妒忌，可并不想杀他，不久就把朱元璋放了出来。塞翁失马，焉知非福！这件事又推了一把朱元璋，他最终定下决心，开始实施内心的想法。

至正十二年（1352年）年底，元朝宰相脱脱任命新提升为中书左丞的贾鲁领大军进围濠州。大敌当前，义军首领这才尽弃前嫌，携手指挥将士坚守城池。从这年冬天一直到第二年春天，濠州城整整被围困了七个月之久。义军凭借着城高壕深、粮草充足，始终坚守。久攻不下的元军，士气开始低落，将士的斗志亦感低沉，军心涣散。不久，贾鲁病死军中。主将一死，士兵们更是无心恋战，自动解围而去。

在濠州城被围的岁月里，朱元璋始终领兵浴血奋战。在元兵完成对濠州合围前，他曾领兵一支攻取怀远、安丰，招兵买马；合围之后，他又带兵突出重围，攻克了含山县、灵璧县和虹县。元军撤围之后，濠州虽转危为安，但人员伤亡惨重，粮草告急，急需补充兵员和粮草。朱元

第二章　顺时而动，崭露锋芒

璋先通过朋友弄来了盐，后又用盐换回几十石粮食，此举虽可解燃眉之急，但并非长久之计啊。

朱元璋是个有心计的人。他发现元军已去，彭大、赵均用等人依然存在矛盾，不肯化解，当然也无法化解。濠州城内的诸帅们也是一样矛盾重重，争权夺利。尤其使他担心的就是，诸帅个个鼠目寸光，胸无大志，死守濠州这弹丸之地，不去开拓新局面，无异于坐吃山空；百里之内无元军，就以为是天下太平。朱元璋深感自己身单力薄，又说不动他人，决心依靠自己的努力，闯出一片新的天地。

有时候，不得不说是"时势造英雄"。历史就是这样，在当时情境下，很难判断一件事情的发生到底是好事还是坏事，时过境迁，才让人恍然大悟。朱元璋被关禁闭因郭子兴被扣而起，又导致了朱元璋在日后走上了独自创业之路，可谓环环相扣。如果没有这些人推波助澜，朱元璋很可能继续跟在岳父大人身边，打点着濠州城的那些琐事，一代王朝的开国皇帝之说估计也不会存在了。也由此可见，一个人胸襟褊狭，气量狭小，是绝对成不了大事的。胸襟与气量大小往往是通过能否恰当处理公与私、人与我、长远利益与眼前利益等一系列关系而表现出来。

自立门户，招兵买马

随着朱元璋自立门户的想法越来越强烈，再加上城中几位首领之间

的不和，以及郭子兴的儿子的排挤和嫉恨，使朱元璋明白了：其实义军最大的敌人不是元军，而是义军自己，这样待在濠州城实在没有发展的空间，说不定哪天就会成为内斗的冤枉鬼。

一天，郭子兴和众人商讨如何发展，朱元璋抓住这个机会，极力陈述向濠州城外发展的优势："城内已经被几个元帅分管，且彼此间矛盾重重，发展空间极小。现在元军大败，趁机向城外扩展势力，元帅就不必在这个小城中为那帮目光短浅的人生气了。"

郭子兴当然愿意，他眼见朱元璋现在的能力越来越强，知道久留在身边不是好事，趁此机会派他出去攻城掠地，是个很好的办法，败了自己没什么损失，成了自己坐收渔翁之利。

于是郭子兴道："元璋所言极是，那就分派给你三千精兵，由你率兵攻打定远，如何？"

听此言，朱元璋很乐意，迈出濠州城是他独立门户的关键，如今又有精兵三千，他虽从未领过兵，但心中毫无畏惧。朱元璋坚定地说："多谢郭元帅，咱一定尽力做好此事。"

郭子兴立即封朱元璋为镇抚，命他近日出兵定远。

朱元璋从郭府出来，脸上充溢着喜悦，这份兴奋特别想要找人分享。他想到的第一个人自然是他的妻子。此时他特别想宣泄一下心中的快乐，这是进入濠州城以来除了娶妻之外最舒心的一件事。想着想着，双脚就迈进了汤和的住所。

朱元璋约了汤和、徐达，三人同去酒馆吃酒祝贺。席间全是汤和、徐达的赞溢之词。而朱元璋并非仅仅为了庆贺，他也有自己的私心，他要拉结拜兄弟和自己同去，这是目前最知心，也最能为他效力的两个人。朱元璋把想法一说，汤和、徐达二人当即表示愿意为其效力，兄弟当同生共死。

正在朱元璋得意的时候，郭子兴那边却有了变化。郭天叙极力劝说郭子兴撤回给朱元璋的兵权，他担心朱元璋心中另有谋划。郭子兴虽然希望朱元璋为自己冲锋陷阵，但是也不愿这个女婿的能力太过强大，却又不好收回成命。郭子兴父子商谈半天，决定定远还是要朱元璋去打，兵马还是照给，但是精兵换成部队里最老弱最无战斗力的那一部分。

对此，朱元璋一无所知。

过了几日，到了出发的时间，朱元璋到郭府接受派遣。

当朱元璋知道真相后，心中非常愤怒，他才明白这次耍他的不是郭天叙，而是他们父子俩。他更清楚自己不过是一颗任人摆布的棋子，但他朱元璋不要做棋子，而是做下棋的人。虽然心中已经是怒火中烧，但是朱元璋强压着自己的愤怒。他深深吸了一口气，镇静地说："郭帅，这些士兵都是老兵，恐怕不服我管，再说他们多是年迈体弱，出行打仗不便啊，请郭帅三思。"

见朱元璋如此镇静，郭子兴反而有些恐惧，他面对的是一个从未惊慌失措、从未畏惧过的年轻人。郭子兴强笑道："带兵打仗我比你有经验，这些士兵虽是老兵，但经验丰富，善于应变，都是些有用之人哪。我可以多给些粮草物资，足够你用上半年。"

朱元璋的脑筋转得要比郭子兴快。在他看来，带这些老弱士兵，还不如不带。他们不但帮不上忙，还可能不肯听从自己的指挥，反而误事。朱元璋谦卑地对郭子兴说："元帅说得极是，但是咱觉得这些老兵未必肯服新人。定远咱照攻，但是有一个要求。"

郭子兴一时不知道朱元璋在打什么主意，忙道："请讲！"

朱元璋从容地说："郭帅的这三千兵马咱可以不要，但是咱要十几个人就行，不知郭帅答应不答应？"

郭子兴心中有些想笑，他以为自己看到了朱元璋意气用事的一面，忙说："十几个人可以打仗？你且讲来……"

朱元璋镇定地答道："先谢郭帅，这些人不过是些普通人，汤和、徐达、邓愈、耿炳文、刘子义、王禹芝……"

郭子兴这才明白，这些人不是朱元璋的兄弟就是老乡。但他不信朱元璋和这几个人能取下定远。

而朱元璋早就盘算过了，那是在以为有三千精兵的时候，他就打算无论有多少兵力，都要带上这几个人。他知道打仗靠的不仅是士兵，还要有将才，要有肯卖力的将军，出色的将军才能带出强劲的军队。他可以不从郭子兴手中接管士兵，但可以自己去招兵。

朱元璋把招兵的想法告诉汤和、徐达，二人立即响应。自己招的兵，自然比郭子兴给的士兵强。再说如今已经拒绝了郭子兴的馈赠，一切只能靠自己了。

朱元璋在心中谋划了一番，这是他迈出濠州城的第一步，必须走得成功，招兵要招最有战斗力的士兵。这些日子，濠州城的丑闻以及各个元帅的不良影响都扩散出去，要想招兵只能离濠州城远些，往外发展。朱元璋觉得回老家招兵是最有效的，儿时那些伙伴多半应该还在老家，他们当年就很佩服自己，如今回老家去，不怕招不到人。

至正十三年（1353年）的春天，伴随着依然凛冽的寒风，二十多个年轻人踏上了这片饱受战火摧残的土地，按照说书人的经典说法，"这里将是传奇开始的地方"。

这年春天，朱元璋终于下定决心，毅然离开了郭子兴的保护伞自立门户，打拼自己的一番天地。

冷兵器作战的年代里，尤其是那种接近肉搏战的时候，兵多将广，真是无人不想。因此，在同等条件下，除了将领的指挥部署作用之外，兵力的多少往往决定着战争的胜与败。

天下没有不开张的油盐店，有卖的，自然就有买的。这招兵买马也是一样，正所谓竖起招兵旗，自有吃粮人。由于战争发生的时候往往也是生产力受到极大破坏的时候，因此许多人便跑到军营里面谋一碗饭吃。在从军者当中，虽然也有极少数人是想乘乱捞些战争浮财，但绝大多数人都是由于这种那种原因走投无路，不得不投身于军营的。总之，不管是什么目的，这种方法总能得到大量的兵员。

到了老家后，朱元璋和汤和他们先走门串户，拜亲访友，算是做些宣传工作。当年的穷小子们，如今又是镇抚、又是千总的，颇能吸引人们的注意。宣传的差不多了，朱元璋和汤和他们就竖起红巾军招兵的大旗。朱元璋首先找到的是周德兴，他儿时的玩伴，武艺很好，在当地也颇有威信，周德兴很快带来一批身强力壮的投军者。同时，朱元璋年少时的伙伴听说他做了红巾军的头目，纷纷前来投效。朱元璋在当和尚时给他送信、拉他"下水"的汤和此时已经是义军中一名军官了，但由于非常钦佩朱元璋，不久也投到他的门下。其他比较著名的还有郭兴、郭英、张龙、张温、张兴、顾时、陈德、王志、唐胜宗、吴良、吴祯、费聚、唐铎、陆仲亨、郑遇春、曹震、张翼、丁德兴、孙兴祖、陈桓、孙恪、谢成、李新、何福、邵荣以及耿君用和耿炳文父子、李梦庚、郁新、郭景祥、胡泉、詹永新等人，这些人后来也成了朱元璋淮西战将集团中的中坚力量，并且绝大多数都被封为公侯，名留青史。

任务进展得非常顺利，不时有人来投，所以朱元璋等人在几天的时间募集到了七百多人，这支队伍用《御制皇陵碑》的文字形容便是"赤帜蔽野而盈冈"。朱元璋圆满地完成了任务。然后就带领着这批军队回到了军营。正在为兵力不够而苦恼的郭子兴大喜，原本有些冷冷清清，现在又可以浩浩荡荡了。之后，郭子兴升朱元璋做了镇抚，并把这700多人让朱元璋统率，这样，朱元璋终于算是有了自己的一支军队，虽然少，却是家乡子弟兵，忠心方面绝对不成问题。

　　古时候的将领对子弟兵的信任是一种迷信式的，他们经常把自己的子弟兵视为最重要的，把所有的好装备配发给他们，而且赏赐方面也有偏倾。但是，朱元璋此时所招回的子弟兵却没有那么风光，不仅不能得到相应的装备，还要时刻防备着元朝军队的来袭。正是由于这种险恶的局面，才锻炼了朱元璋临危不惧、应付各种复杂局面的能力。

　　可见，一个人要想成大事，要想在众人中崭露头角，仅靠四平八稳的努力是不够的。尤其是在动乱之时，机会是最多的。朱元璋一跃成为人上人，就在于他抓住了那个充满危险的良机。朱元璋能在郭子兴部下迅速崛起，关键还是他的才能和权智超乎常人。他临变有机谋，别人想不到的地方，他却敢想敢做，利用矛盾，终于争取到翻盘的机会。

第二章　顺时而动，崭露锋芒

定远告捷，危机逆转

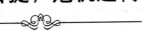

　　从朱元璋参军后的几年时间里，腐朽的元王朝已近崩溃，这场席卷

全国的叛乱风暴却远远没有停息的迹象，反而越来越烈，在中原大地无情地肆虐。定远作为一个江淮腹地的小县，自然也难以幸免。

"时彭、赵所部暴横，子兴弱，太祖度无足与共事，乃以兵属他将，独与徐达、汤和、费聚等南略定远。"《明史·太祖本纪》载道。

其实，关于朱元璋"南略定远"一事，《明史》中只有草草的数十字，显得微不足道。的确，和后来气贯长虹、金戈铁马的诸多大战役相比，"南略定远"颇有些波澜不惊。但平淡并不代表不重要，这场战争的重要性是不言而喻的，就好比万里长征迈出的第一步一样。只有深入透彻地看到这一仗对朱元璋境遇造成的转变，才能明白这一战的重要性。

朱元璋在"南略定远"之前的境遇可以说很不好。此时的朱元璋手中无兵，这是最直接，也是最致命的地方。当时追随朱元璋的不过二三十人，这点人马，充其量也就是一个步兵小队，想要攻城掠地显然不够。而且离开了郭子兴，朱元璋连个地盘都没有。

对一个心怀天下的人来说，要想争雄天下，一个稳固、安定、富足的根据地显然很有必要。刚刚白手起家的朱元璋急需一个稳固的根据地来积蓄力量，尽快发展壮大自己才是乱世中的生存之道。这时候的朱元璋也缺乏必要的援助。虽然郭子兴在面子上还是朱元璋的"岳父"，但二人的关系已不如往昔——显而易见，若是关系好，朱元璋也不会离郭而去，另立门户了。在此时希望郭子兴施以援手是不现实的，郭子兴巴不得朱元璋在定远被干掉，不添乱已经是万幸了。既然郭子兴指望不上，那么其他人呢？环顾中原，群雄并起，大家为争天下打得不可开交，谁也不愿意培养出一个新的竞争对手。

境遇不佳的朱元璋急迫地需要通过"南略定远"，充实自己、发展自己。但显然区区二十余人是完不成这个重要使命的。于是"招兵买马"作为当务之急摆在了朱元璋面前。

招兵，这是战争时期诸侯们最常用的手段。这个方法最简单也最直接，可以很快拉起一支队伍来。对于这个方法，朱元璋和他的精英们显得轻车熟路。在很短的时间里，朱元璋便拥有了一支上千人的部队。招到兵马后，郭子兴让朱元璋亲自统领着这支部队。

朱元璋带领着郭子兴让他统领的七百多壮士，一路向南朝定远走去。军队驻扎在离定远不远的地方。朱元璋派徐达带人先装扮成小商贩进入定远县城打探信息。过了两日，徐达归来，禀告朱元璋定远有重兵把守，虽然是郭子兴的老家，但是此地人对红巾军并无善意。

朱元璋心中打了个寒战，原来郭子兴派自己来取定远，是故意给他出了个难题，先是设个骗局说给精兵，又给个难攻之地。朱元璋绝不是怕困难的人，他过去的生活中经历了太多走投无路的情形。这件事对他而言，让他更加看透了郭子兴父子。

朱元璋决定先把新招募来的壮士，训练成纪律严格、骁勇善战的精锐之兵，再把汤和、徐达、周德兴他们培养成一批可用的将才。这是朱元璋最初的力量，也是发展势力的根基。

然而，朱元璋招募的这支部队，战斗力究竟怎么样呢？很明显，这些刚刚放下锄头的老百姓，战斗力是极为有限的。依靠这样的部队去打定远，无疑是以卵击石。朱元璋需要的是一支经过战争洗礼的部队，人数要更多，战斗力也要更强。

到底有没有这样的军队呢？肯定有！朱元璋很快就盯上了它。

朱元璋善于招兵买马，扩充实力。当听说定远附近的张家堡的驴寨，驻扎着一支拥有三千多人的地主武装，现在孤军无援，又断了粮，处境很困难，于是朱元璋亲自上门招降。寨中主帅与郭子兴相识，所以对他也十分客气，设席款待。酒至正酣，朱元璋道："听说寨主孤军缺食，眼下万全之策，或是跟从我们一起干，或是移兵他处，别无良策。"主帅即应下跟朱元璋一起干。不料过了三天，探子来报主帅食其言，中途变卦，他们要转移了。朱元璋立刻带人又去，百般劝说无效，只好使计派一个勇士请寨主议事。那寨主刚一到，朱元璋一声令下，兵士将寨主拿下，然后再派人传寨主命令，说是移营。大家都知道要移营，一听也没多想就全来了。朱元璋有了这支军队，终于可以长舒一口气了，毕竟手中有兵心中不慌，就指挥它向东袭击横涧山。

现在，朱元璋的手中已经拥有了四千余人，他对拿下定远颇有信心。但是在定远，朱元璋还有一个实力雄厚的强敌——横涧山的缪大亨。缪大亨是个土生土长的定远人，群雄并起之时，此人也拉起了一支队伍。可是此人不但不反元，还拉着队伍帮元军攻打濠州城，希望分一杯羹。结果不但濠州城久攻不下，元军还被杀得大败，缪大亨大败而归，无奈退守定远。

而且，此时的缪大亨，实力是朱元璋的数倍，又是在家乡作战，可谓是占尽天时地利。尽管占有诸多优势，缪大亨必败的命运却已经注定。因为缪大亨兴的是不义之师，助纣为虐，是为不义。缪大亨又缺乏谋略，手握雄兵数万，却坐看朱元璋由弱变强——如此不思进取，只图自保，乃是兵家大忌。此外，缪大亨的部队缺乏一个明确的目标和斗争方向，军队缺乏凝聚力，将兵离心，军心涣散，士气低落。反观朱元璋，有明确目标，显然是民心所向。另外，朱元璋目标非常明确——在定远扎稳脚跟，发展自己。而且，朱军刚刚智取了张家堡，实力大增，军中士气高昂，上下一心，同仇敌忾，军队战斗力飙升。

经过一番认真的研究分析，朱元璋决定开始行动了。一场漂亮的夜袭即将展开。

史载："太祖以计夜袭其营，破之，大亨与子走免。比明，复收散卒，列阵以待。太祖遣其叔贞谕降之，命将所部从征"。如书中所载，这场精彩的以少胜多的战役只用了不到一天的时间，就以缪大亨投降、朱元璋完胜而降下了帷幕。

经此一战，朱元璋不但完成了既定目标"南略定远"，而且意外地得到了缪大亨手下的两万军队。

朱元璋得了这支主力军，立刻重新编制，加紧训练。他最注重纪律，在检阅新军时，特别强调一点，恳切地训诫将士说："你们原来是很大的部队，可是毫不费事就转到我这边来了，原因在哪里呢？一是将官没有纪律；二是士卒缺乏训练。现在我们必须建立严格的纪律，做到严格的训练，才能建功立业，这对大家都有好处。"大家听了，莫不赞同。就这样，朱元璋有了大批的骁将以及训练有素的精壮队伍，远近闻名。

不久，朱元璋这支浩浩荡荡的队伍，开始攻击定远。很多人虽然是第一次上战场，但却训练有素，士气高昂。再加上士兵们对定远的地形、城内的设施，包括风俗习惯了如指掌，朱元璋在后方又为他们鼓足了干劲。朱元璋找到元军的缝隙，大举进攻，很快攻克定远。而正在元军派援军的时候，朱元璋率兵突然撤出，伤亡甚少。接着，朱元璋乘胜追击，在元军合围定远的时候，出兵攻打怀远、安丰，在这两地连抢带俘收了不少壮丁。当元兵还未反应过来，朱元璋又领兵突围出怀远、安丰，攻克附近的含山县、灵璧县和虹县，锐不可当，均大获全胜。

但朱元璋未被眼前的胜利冲倒，他看到的不仅是眼前，还有更长远的发展。他要求任何士兵不得欺压百姓，更不可抢占财物。朱元璋自己也未收取什么，所到之处，开仓放粮，归还于民。同时，城中的财物、军草都做了详细的统计，准备回去献给郭子兴。

朱元璋的这个举措让汤和、徐达很不高兴。尤其是汤和，为人性情直爽，大嚷道："大哥，咱卖命攻下的城，为何献给姓郭的，看他父子俩平时是怎么对咱的？"

徐达也有些闷闷不乐："就是，大哥，咱家乡的兄弟们跟随咱，还不是为了能吃饱饭，领些饷银。你咋把定远的物资军备都送给郭家呢？"

朱元璋沉静地说："咱知道兄弟们受苦了，可眼下不是享受的时候。要让郭子兴信服咱已经不容易了，眼下还要在名义上归顺他，以图长远发展。"

见徐达、汤和他们默不作声，朱元璋道："这一仗是咱的起步。接下去咱得继续招兵买马，表面上依附郭子兴是咱的屏障，至少濠州城的势力不会跟咱过不去，再说郭帅的名望还是比咱高啊。"

郭子兴见朱元璋胜利而归，且招募俘获不少人马，又悉数上缴了所获物品军资，心中大喜，暗自以为这小子其实不敢违逆自己，对他也放松了警惕，甚至心中有些愧疚。

取下定远，是朱元璋靠自己的力量打下的第一个胜仗，而这次的胜利并不在于取下了定远，而是招募到一批属于自己的兵士和将才，他们都是淮西人，多少都有些乡里、宗族的关系，非常卖力。此后，这些人都成为朱元璋的有力部将，而到朱元璋军事力量强大的时候，这些淮西人士都成了领兵的将帅、军中的骨干。到了朱元璋做皇帝的时候，这些淮西老将和幕府都成了开国的功臣。他们为朱元璋立下汗马功劳，在明朝初年的政治局势中，淮西人的地位非常突出、非常重要。定远告捷可谓是朱元璋"事业"的第一桶金。自此，朱元璋境遇大为改观，这是他称雄天下的道路上坚实的第一步。

第二章

顺时而动，崭露锋芒

第三章
广揽贤才，为己所用

　　明太祖朱元璋之所以能够一统天下，从统治中原近百年的元朝统治者手中夺得天下，靠的就是他拥有丰富宝贵的人力资源。他用自己的个人魅力与手腕使自己身边聚拢了很多贤才：幼时的结义兄弟、冯氏兄弟、李善长、收三义子、邓愈、常遇春、朱升、胡大海……聚集人才才能做大事，朱元璋正是深谙这一成功秘诀，所以他才能不断地发展壮大，最终建立了大明王朝。

结义兄弟，相聚濠州

朱元璋的最终成功，不仅凭着他个人的努力，还来自他背后的诸多为他出生入死的将才及谋臣们。

在朱元璋的军旅生涯中，徐达、汤和最早跟随他，也为他立下了汗马功劳。

其实，朱元璋能够从一个和尚成为一个红巾军，最直接的引导人是汤和。汤和，与朱元璋、徐达是同乡好友。为人谨慎，沉敏多智。至正十二年（1352年），参加郭子兴起义军，后以功授予千户侯，是他写信邀请朱元璋参加红巾军起义，后忠心追随与他。这也为朱元璋的以后发家奠定了一定的基础。当年，因为汤和的一封书信，激荡了朱元璋本已不平静的心，投向濠州的郭子兴。在濠州，朱元璋见到汤和、徐达，心中的感触自是难言，这其中有激动、兴奋，也有感慨。朱元璋怎能忘记，儿时一起玩的时候，汤和、徐达虽年长于他，却信服地称自己为"大哥"。如今世事变迁，他朱元璋前途未卜，一切都是空白。但也正是和这两个人在军营的相聚，激发了朱元璋的雄心，他要做出一番事业。当然，如果这时候问他事业是什么，肯定连他自己也说不清楚，但他就是有一种谋大事的激情。

徐达也比朱元璋先加入红巾军。徐达是贫寒出身，艰苦的生活让他磨炼出一副魁梧的身材。他性格坚毅，遇事善于思考。朱元璋视他为韩信再世，可见其卓越的军事才能。他与朱元璋是同乡，自幼相识，同为贫苦出身。他的童年也非常困苦，正是这样的生活锻炼了他的品格，磨炼了他的意志。在朱元璋与各方割据势力对抗、推翻元朝统治和稳固大明江山的过程中，徐达作为最高军事统帅，表现出了卓越的才能。他身经百战，功绩显赫，史书上称他"以智勇之资，负柱石之任"，意思就是他用自己的智慧和勇气，担当起了明朝江山创立时的中流砥柱，是大明王朝开国功臣中武将第一人。

　　朱元璋、汤和、徐达兄弟三人在一起的时候，也经常会谈起小时候的事。回忆的时候，朱元璋说到自己杀地主家的牛时，汤和、徐达二人大笑起来，随即感慨地说："当年我们还吃了大哥给的牛肉呢，那是我们生平第一次吃肉。如今我们三人同聚，请大哥放心，从今往后，有福同享，有难同当。"听到此，朱元璋的心才放了下来。

　　到朱元璋成为郭子兴的乘龙快婿，官位升高的时候，他并没忘记当年的伙伴，也未忘记兄弟间"有福同享，有难同当"的誓言。朱元璋知道，汤和、徐达至今单身，闲时难免寂寞，常常邀请二人到家中谈天吃酒，让妻子马秀英为二人做鞋补衣，其乐融融，就像是一家人。汤和、徐达没事的时候，也愿意待在朱元璋家中，很少去酒馆了，心中渐渐把朱元璋当成了真正的大哥，在军营中处处彼此照应。也正是在朱元璋家吃酒的时候，他们从朱元璋那里得知了很多濠州将领之间的矛盾和秘密。让汤和、徐达异常气愤的是，郭子兴之子郭天叙对朱元璋的刁难、排挤。而郭天叙的嫉恨反而让这三个兄弟更紧密地团结在一起，汤和、徐达两人心中处处不忘保护朱元璋。

　　有一天，郭天叙故意刁难朱元璋。此时朱元璋和马秀英结婚不久，也刚被提升，事事受到郭子兴的赞赏。郭天叙耿耿于怀，伺机报复得志的朱元璋。

郭天叙报复朱元璋是有原因的：一天晚上，汤和那晚被一些兄弟拉去酒馆喝酒，因近来军中无事，就多饮了几杯，不料喝得酩酊大醉，被人抬回房中。路上被郭天叙碰到，当时郭天叙并未说什么，心中料到汤和第二天肯定会守城迟到。

为此，郭天叙一大早就带了几个士兵，在汤和应把守的城段上等，其实等了不久汤和即来。郭天叙二话不说，转身就走，至元帅府，差人喊来朱元璋，当着郭子兴的面质问此事。此时汤和在朱元璋部下任职，朱元璋见事情已然如此，先恳切地认错，说自己管理不力，当罚，愿接受处置，并未责备汤和。汤和见朱元璋要独自承担责任，大喊道："是我们自己犯错，不关别人的事，汤和情愿受罚。"

郭天叙奸诈地一笑，说道："说得轻巧，若罚汤和五十大板，你愿意承当吗？"

一听是五十大板，汤和一惊，却听朱元璋果断地说："在下愿意。"

郭天叙却换了主意道："你不当受罚，这五十大板还是要给汤和，但你要亲自执板惩罚汤和。"

朱元璋听此，猛然抬头，痛苦地看了看汤和，咬咬牙齿对郭天叙说："遵命。"

谁知，朱元璋打汤和这五十大板，打得十分卖力，绝无虚假，看得郭天叙都有些发愣。他知道朱元璋不忍心，但不曾想执行起来朱元璋却如此用力狠心。

到了最后，汤和已经被打得不能站立，疼痛得只有呻吟之声。徐达见状，赶紧去扶汤和，却被朱元璋一把推开，自己俯身背起汤和就走，

明朝古城楼

一直背到自己家中。朱元璋的夫人马秀英见状，埋怨朱元璋太用力，正要给汤和解衣涂药，朱元璋让她去端些温水，同时为汤和解了衣带。马秀英正拿着毛巾要为汤和擦拭伤处，却被朱元璋止住。他笨手笨脚地为汤和擦拭起来，那种情形比亲兄弟都要亲切，连一旁站着的徐达都极为感动。

从这件事以后，汤和、徐达对朱元璋更为信服，信服他在人前的严谨正直，信服他私下对兄弟的真情实意。

濠州之围被解之后，朱元璋向汤和、徐达二人透露了自己不愿待在濠州城的想法："你们也都知道郭天叙一直在找我们的麻烦，且濠州城的将帅们矛盾重重，在濠州待下去真不知道前途如何。你们两人都是骁勇之士，跟在郭子兴部下这么久了，不见提升，我们心中不平，向郭子兴谏言，他只顾忙着和那几个将帅斗气。再加上郭天叙的嫉恨，大哥真怕连累你们二位。"

汤和见朱元璋面有凄然之色，直言道："我们早就看不惯郭天叙，没什么能耐，仗着自己是公子耍什么威风。要不然，大哥我们带着嫂子离开濠州，不信我们三兄弟成就不了事业。"徐达也认为离开濠州是个好主意。

没过多久，朱元璋便向郭子兴表达了意图，郭子兴遂遣朱元璋攻定远。朱元璋未带郭子兴派给的兵马，只带二十来个亲信，其中最为朱元璋卖力的就是汤和、徐达。无论是在招兵买马的过程中，还是攻克定远的战事中，他们两人都是走在前面，极尽忠心，竭力效劳。在以后的征战中，汤和、徐达一直是朱元璋最信任、最亲近的将领。而朱元璋也是公私分明，军事政事绝不徇私，私下里也绝不拿架子，还是好兄弟。

打仗还需亲兄弟，上阵还需父子兵。无论干什么事情，都应当把人放在第一位。身边有了可靠的助手，才能把"事业"做大做强。朱元璋对此深有体会，所以他能够做到事事分明的严谨态度，以及对兄弟的诚挚情义，打动并得到了汤和、徐达的真心拥戴。他们成为朱元璋起步之初最早的支持者，也是跟随朱元璋最久、最忠心的生死之交、肝胆兄弟。

定国谋士，冯氏兄弟

朱元璋为了扩充自己的实力，着实费了很多脑子。他清楚地知道拥有自己队伍、组织好自己的班底是非常重要的。同时也知道，仅凭这些武夫莽汉也成不了大事。要想成大事，需要"文武相资"。

而实际上，朱元璋与其他红巾军首领的区别就在于他知道收揽那些有智谋的文人能士，而并不是只用武夫莽汉。他明白，任何一个朝代的建立，都不是一两个人的功劳，更不是开国皇帝的独自功劳。能否成就大业，有一个很重要的原因，那就是能否招揽到优秀的谋略之人。

元朝末年，天下大乱，各地农民义军蜂起，反抗元朝政权的压迫，冯国用与其弟冯胜（初名为冯国胜）也组织农民武装，结寨自保。

至正十三年（1353年）朱元璋攻下定远之后，最迫切的任务就是招兵买马，扩充军事力量。

朱元璋在募集及招降之外，还有另外的一种方法：鼓励贫穷的劳苦大众参军。这种现象早在他第一次募兵时就已经显现出来了。这是他最早尝到扩兵甜头的老办法，也是最有效的一种办法。

招收贫苦人参军，具有很强的针对性、特殊性。这主要是由于贫苦农民的要求不高，他们往往是为了糊口才来参军的，所以只要能有一口饭吃，就不会有过多的要求，他们本身也是贫苦人家出身，对于同样是穷苦的百姓也不会产生骚扰之心，因而与那些有刁蛮、贼盗之习的人相比，这种兵员是最好训练、最好管理的。同时由于这些贫苦农民生活在元朝社会的最底层，受到了最不公平的待遇，因此他们与元政府的仇恨也是最深的，在与元朝军队作战的时候具有很强的战斗性，无需动员就会极为勇敢地去杀敌。

尤其是在训练方面，相比起那些招降而来的"兵油子"而言，这一部分出身贫苦农民的士兵，他们本来就能吃苦，所以在训练时也格外卖力，内有深仇大恨，外又衣食无忧，因而很容易就进入角色。如此一来，一支能吃苦、守纪律、善作战的部队很快就在朱元璋的作战序列中出现了。

朱元璋在用计降服驴牌寨之后，招降缪大亨这场胜利引起了四方极大的震动，其他的一些地方小武装因慑于朱元璋的声势，也纷纷引兵来投。

尤其是在横涧山，朱元璋一举得到了二万人马，大大扩充了自己的实力。从横涧山回程的路上，因选择走山路，朱元璋遣人领着收归来的人马先行，自己和几个侍卫殿后。

众人一夜奔波，至清晨时分，朱元璋和他的后阵人马行至一座山，山有名为"妙山"。一眼望去，此山平坦，林木秀美，时有鸟鸣，清晨的阳光斑斑驳驳，影影绰绰。朱元璋正要询问，却听山中有读书声，朱元璋心中倍加好奇。领人沿路上山，渐行渐近的时候，朗朗的读书声清晰可辨，原来那人读的是《孙子兵法》。朱元璋心想此人定非凡俗之人，想要一见的心情更强烈了。行至半山腰，方见一人，朱元璋下马行礼道："不知刚才读书之人是否是先生？"

那位读书人身着青衣，一副睿智清朗的模样，朗声笑道："敢问这位将领是？"

朱元璋瞅瞅自己的军衣战马，笑着道："打扰先生雅致，在下朱元璋，路经此处，听闻……"

"原来是朱公子，久闻大名，在下冯国用。"那人以礼相敬。

朱元璋早在刚取定远时，就听说过冯国用和他的兄弟冯国胜两人。冯国用深沉有计谋，而冯国胜骁勇有智谋，而且听闻冯国胜出生的时候，满屋子黑气不散，人言必能成就大事，颇有传奇色彩。一直没有机会见面，今日巧遇，心中喜悦，思量无论如何要拉拢过来。

朱元璋谦卑地说："先生过奖，久仰先生大名。早闻冯先生和兄弟在山中结寨自保，想必此妙山就是先生的寨子吧？"

冯国用道："公子原来知道这妙山的情况啊，看来并非路过，莫非有什么事情？"

冯国用边说边露出警惕之色，他知道最近朱元璋攻下定远后，正在积蓄力量，已经降服了驴牌寨的民兵。

朱元璋恳切地说："确是路过，听闻先生读书声，心下好奇，方才打扰至此，望先生见谅。"

冯国用见朱元璋只是带着两个随从，也未见山下有兵，放下心来。

朱元璋最擅长的就是观察人心，窥测人的情绪，见冯国用并无敌意，对自己也无反感之情，即说："可否在此青山碧水处，和冯先生随便聊聊，还望能有缘见到冯先生之弟。"

冯国用见朱元璋说得诚恳，并无久扰之意，即让朱元璋进去寨中相谈。

这时，朱元璋说："可否请一位兄弟同往？"

冯国用谨慎道："请问是何许人？"

朱元璋随意地笑道："是先生的故交，一见便知。"

此人是朱元璋招降的秦把头，冯国用和此人虽是旧知，也闻他投奔了朱元璋，但不知此时这两人一起造访妙山为何。

秦把头看出冯国用的疑问，会意地笑笑说："冯先生好久不见，昨日和朱公子横涧山招降，路过此地，多有打扰，不请朱公子进屋喝杯茶吗？"

冯国用明白了原委，有些不好意思笑道："当然，当然，这边请！"

几个人一路寒暄到了寨中。这是一个不算大的寨子，但屋舍小路井然有序，寨中一切安然自得，仿若世外桃源。

等朱元璋见到冯国胜，心中又是一惊，此人比起他的兄长来，少了些文气，多了几分英武洒脱，心中大喜。

冯国用两兄弟得知横涧山两万人马已经被朱元璋收归，彼此互望一下，似有难言之处。只见冯国用长叹一声道："寨中不过几百人，在这乱世中，我兄弟二人不过想让身边的人过安稳的日子，才逃隐在此，看来此处也非平安之地啊。"

朱元璋知道冯国用是担心自己对寨子有图谋，当即说道："元璋敬重冯先生的才略和为人，今天有幸见到甚是欢心。说实话，我心中也想，若能有两位冯先生相助定能成大业，也有求贤之心情，但若先生不肯，元璋定不会有所冒犯。"

冯氏兄弟再次相视点头，朱元璋见他们还是不太信任自己，笑道："不如这样，只要两位先生愿意，我随时恭候。先生也知道乱世中，个人的能力难以发挥，弱小的势力也难以发展。今日所言，句句为真，即便先生不肯下山，我亦不会有所冒犯。"

实际上，冯国用早在观望，想要投靠一支有力的军队。濠州方面的情形，他一直不满，听说朱元璋的军队虽小，但纪律严明，且朱元璋讲义气，他和兄弟早就在关注朱元璋的行动。

见冯国用无语，朱元璋说道："这样吧，今日偶然造访，有所打扰，就先行离去，我恳求请冯先生三思。如果冯先生不介意，我想和冯先生交个朋友，改日我们约冯先生吃茶谈天。"

冯氏兄弟见朱元璋一脸的诚恳和真切，秦把头又在旁边说了些好话，其实心中已经有投奔的想法，只是此时不便作出决定，谢过朱元璋，答应思考之后，会亲自拜访朱元璋。

等朱元璋走后，冯氏兄弟商量了很久，觉得朱元璋在此地的红巾军中是最有潜力的一支，且朱元璋又如此恳切请求，决定过几日整理人马家当，前去投奔。

又过了几天，冯国用差人送亲笔书信至朱元璋，说承蒙公子看重，愿即日与弟国胜带领寨中壮士前来效劳。朱元璋见信很高兴，这是他所最早收纳的文才，确切的说是文武双全的有用之才。他现在不仅需要兵士，更需要参谋和将才。

待到傍晚时分，冯国用果然带人前来投奔，朱元璋亲自迎出定远城一里相接。见朱元璋如此有诚意，冯国用、冯国胜两人心中更加放心，相信自己的判断不会错，这是一个谋大事的人。

安顿人马之后，次日清晨，朱元璋亲自去冯氏兄弟的住所拜望，冯氏兄弟不胜感激。朱元璋邀他们同登城楼，站在定远城的城楼上，望着东方正在升起的太阳，俯瞰脚下这个不大的城，再遥望濠州方向，朱元璋显得忧虑万分。冯氏兄弟一时也不知如何开口，只好静待朱元璋发言。

朱元璋忧虑地望着濠州方向说："不远处就是老家濠州，我们在濠州被困了好几个月，如今好不容易摆脱濠州的是非争斗，打下第一座城池，然而我们心中很迷茫，望着四野，望着脚下，不知路在何方？还请冯先生指点迷津，以图未来之发展。"

见朱元璋并无试探之意，而是真诚相问，冯国用说："江的那边是集庆，离这里并不是很远。"冯国用边说边指向长江的方向。稍稍沉思，冯国用接着说："集庆乃虎踞龙盘之地，自古以来就有帝王在此建都，且集庆地处中部，有长江为天然险要，又掌控着整个江南地区的军政。公子可先把目标放在集庆，攻下集庆做根据地，整个江南地区都尽在眼前。谋江南，再四面征伐，定能成就一番大业。"朱元璋听此言，仿佛集庆真的就如此可取，望着长江的方向，他神采奕奕，满怀豪情和期待，激动地说："多谢冯先生，顿时觉得天地之大，有了前进的方向，也有了前进的目标。"

见朱元璋对自己的话如此信任，冯国用又接着说："在下以为，公子还应教导兵士不贪图女色财物，多做好事，倡仁义，收人心，不贪图一城一池之利，广招文才武将，这样建功立业指日可待。"

朱元璋闻言，点头称是，农民出身的他在这一点上比冯国用更懂得如何爱护百姓。但冯国用的一席话，让他从迷雾中走出。此前，他虽知道濠州是不可回的，定远也非长久之地，但群雄四起，刚刚起家的他还真的不知道自己该如何订立路线，规划目标。如今是豁然开朗，豪情壮志在心中。

朱元璋感激地说道："多谢先生，有先生相佐，共谋大业，备感幸运。请先生屈身做我们的幕府，为我们出谋划策。"说着朱元璋以礼相敬。

就这样，冯氏兄弟成了朱元璋属下最早的谋士，也指引了朱元璋更为远大的政治理想。因为投奔濠州的时候，朱元璋想的更多的还是如何改变命运，如何填饱肚皮。而此时的他，有了一定的地位，也有了一些实力，在他迷茫的时候，又遇到了有谋略的读书人，他的心胸和眼界都变了。

在慢慢相处的日子中，冯氏兄弟对朱元璋由欣赏到钦佩，朱元璋的言行、为人、带兵练兵之严明，都让这两兄弟深深佩服。他们也更加相信，有这样英明有魄力的将领，定能成就一番大业。而得到朱元璋的信任和重用，冯氏兄弟的才能也都发挥出来，爱才之人方能使人才尽力，而人才尽力方能有所成就。

而朱元璋呢？也一直将冯国用视为心腹，而冯国用也的确没有让朱元璋失望。冯国用亲自率兵，从攻滁州、和州，到渡江南下，攻克太平，一路下来建立了不少战功。后来从征金华、绍兴，被升为亲军都指挥使。在征战期间，冯国用还曾经救过徐达。

可见，冯国用、冯国胜二兄弟的到来，对朱元璋来说具有另一种意义：当时从现有兵力来说，朱元璋的队伍已经不算小，然而他最为缺少的就是将才。驴牌寨和横涧山的部队自然要靠原寨帅来实施主要的管理，但适当地补充领导者，加强管理却是必要的。更为重要的是，朱元璋作为一名从九夫长、镇抚、总管基层职位上来的将领，他面临的多是一些郭子兴的老部下，行事多有不便，因此他首先缺少的就是自己的幕僚。

仅凭朱元璋一个人指挥众多下属，精力是有限的，更是显得力不从心，多有不便。而冯氏二兄弟的加入，正好添补了这方面的空白。尤其是冯国用，最善谋略而且目光远大。"有德昌，有势强"这六个字，强调了要想平定天下，首先要有道德品行，同时也要有强大的实力；道德操行可以得人心，多壮势大可以定四方。冯国用的言谈具有登高望远之妙，这样的见识是朱元璋未曾听说的。这正是朱元璋第一次感到儒生的重要，将冯氏兄弟留置于幕府，做了他的身边高参的根本目的所在。

定远城中，求贤善长

朱元璋有了训练有素的队伍，又有了目光高远、识见非凡的幕僚，

朱元璋决定按照既定的目标先行第一步：他向东南方向出击，攻打滁州即今安徽滁县。在向滁州进军的途中，又有一名儒生、定远名士李善长求见。此人对于朱元璋一生都产生了非常重要的影响。

李善长（1314～1390年），字百室，凤阳定远人。青年时期，李善长没读过太多书，略通文墨，但为人有智计，"策事多中"，里中推为祭酒。元顺帝至正十一年（1351年），刘福通在颍州起义，李善长由于不满于元朝的统治，"欲从雄，未果"，便在东山躲避纷乱。至正十三年（1353年），朱元璋方任郭子兴麾下大将，运用计策把横涧山兵马两万收降后，南下攻打滁今安徽滁州。

正在朱元璋要离开定远进攻滁州的时候，一日傍晚，朱元璋带着几个兵士从城外要入城，在城门口遇到一个骑驴的读书人。兵士都是骑马，见到骑驴的布衣，不禁失笑，向来是秀才遇到兵有理说不清，那骑驴的读书人敏锐地看了看朱元璋，遂鞭驴绕道。

朱元璋素来就善于识人于微，就在这极短的时间，他迅速观察了一下那个读书人，觉得此人目光敏锐，相貌儒雅，颇有好感，遂问道："先生且慢，可否请问先生尊姓大名？"

那读书人也不作答，哼了一声说："请问你又是谁？"

身旁的将士看不惯读书人的傲慢，就说道："放肆，定远城中谁不知朱公子！"

朱元璋喝道："不得无礼，在下朱国瑞，请问……"

谁知那人不待朱元璋问完，就有些惊讶地说："你是朱国瑞？鄙人定远李百室。"说完策驴而走。

朱元璋听说是李善长，忙派兵士跟随去请。

原来，朱元璋在淮西一带当游僧的时候，就已耳闻李善长的才气，知道此人有智谋，懂得兵法，又有料事如神的美名。如今是他事业起步的时候，他多么渴望能得到这样的人才相助。

良久，士兵才回来禀报，说李善长拒绝来见朱元璋，跟随一路，软话硬话说了不少，他就是不来。原来李善长这些日子也听闻义军领队朱元璋的一些事迹，对他也非常欣赏，今日一见，果然气宇不凡，眉宇间透露着英勇之气，又能对读书人以礼相待。但李善长想知道这个朱元璋到底以什么样的心态、什么样的目的来找自己，故意不来相见。他知道若朱元璋懂得吸纳人才，必会再来请求。

不出李善长所料，过了两日，朱元璋果然抽空亲自去李善长的住所求见。

李善长见朱元璋亲自来，依然没做声，他还想再观察观察朱元璋。

只见朱元璋诚恳地说："前日兵士无礼，惊扰先生，我特来赔罪。"

李善长道："赔罪且不用，若是为赔罪，公子可回了。"

朱元璋慌忙道："当然不是，我是个粗人，读书不多，如有得罪，请先生宽恕。早就知道先生的才学，很是钦佩，今日特来请教。"

李善长原本冰冷的脸色稍稍有了缓和，示意朱元璋在院中的石凳就座。

朱元璋则先请李善长入座，自己方才坐下。两人才细细谈话。

朱元璋问李善长，四方兵起，什么时候才能太平呢？李善长说，汉高祖也出身平民，心胸宽广，善于用人，不乱杀人，五年工夫，便平定了天下。元朝不得人心，上下不和，已到了土崩瓦解的地步。濠州与沛县不远，您如能学习这位同乡的长处，天下太平也就快了。朱元璋把他留在幕府做掌书记，而且还嘱咐他：如今群雄四起，天下糜烂，仗要打得好，最要紧的是要有好的谋士，我看群雄中管文书的和做参谋的幕僚，因为总说身边将士的坏话而导致文武不团结，将士无法施展才能，当然无法成功。将士垮了，主帅势孤力单，接着也就灭亡了。你应该吸取这个教训，协调诸将。从这时起，李善长便一心一意地追随朱元璋，随他"下滁阳，为参谋，预机画，主馈饷"，很受朱元璋信任。随着势力日渐扩大，来自四面八方投效的将士也越来越多，李善长考察他们的才能，建议提拔奖励有功的、能力好的，处分不积极的将官，使部下能人尽其才，安心做事，武将中有不和的，李善长就"委曲调护"，使之不发生矛盾。

从此之后，朱元璋的心中有了汉高祖刘邦作为自己的榜样，为人处事、打仗领兵、对待百姓，处处向他学习，而朱元璋的军队也受到民众的拥戴。朱元璋还曾笑言道："李善长之于我，正如萧何之于刘邦。"可见，对他的重视。李善长在朱元璋的军事和政治生涯中扮演了重要的角色。而这个角色的才华能得以施展，也正是因为朱元璋对人才的重用和善用。

得了冯氏兄弟、李善长之后，朱元璋精神大振，率军向滁州进发。他不仅有了足智多谋、目光远大的一帮儒士的佐助，而且军中也有了能打善拼的战将。

悲喜交集，收三义子

滁州城在长江的北岸，即是宋代散文家欧阳修"环滁皆山也"的滁

州。滁州守军力量薄弱，朱元璋的前锋花云单骑冲破敌阵，全军势如破竹，轻松占领了滁州。这时他的亲信朱文正、姐夫李贞及外甥保儿（李文忠）闻讯而来，都成为他以后的得力战将。《御制皇陵碑》也提到了这件事："戍守滁阳，思亲询旧，终日慨慷。知仲姊已逝，独存驸马与甥双。驸马引儿来我栖，外甥见舅如见娘……一时会聚如再生，牵衣诉昔以难当。"

朱元璋在滁州站稳了脚跟，便派人打听他家人的下落。

至正十三年（1353年），朱元璋刚攻下滁州不久，正忙于整理军纪和各方事务，忙得不可开交。这一日，朱元璋稍稍有了空闲，突然想起自己的家人，想到如果父母和兄弟姐妹们能活到今日该多好，一时思绪万千，心情悲伤。

朱元璋正在悲伤，突然听到有士兵来报，说是城门口有一个人自称是朱元璋的姐夫李贞。朱元璋还以为是自己刚才念及家人，尚在梦中，定睛一看，果然门口立着一位兵士，让他再报一遍，果然是有个叫李贞的盱眙人，要见自己。

朱元璋也顾不得那人是真是假，策马即奔向城门。

等朱元璋到了城门口，见官兵围着两个人，一大一小。朱元璋走进一看，那人果然是姐夫，只是几年不见，他显得非常疲惫，苍老不少，身旁的孩子衣衫褴褛，瘦骨伶仃。朱元璋失声道："姐夫，真的是你啊！好久不见了，姐姐她怎样？你们过得可辛苦？"

姐夫李贞和孩子眼中都溢满了泪水，不待大人回应，那孩子说道："我母亲她，她活活饿死了。"朱元璋心中更为悲痛，同时注意到李贞身边这个叫保儿的孩子。他悲伤的眼神中不是少年应有的无虑，而是充满了镇定和痛苦，虽然才十几岁，却是少年老成。注视他的眼神，朱元璋倍觉亲切，那是一种亲情的融合。他想起自己的姐姐，想起这个孩子正和当年失去双亲的自己同龄，而那孩子镇定的眼神中分明有自己的影子。

朱元璋安顿好姐夫和外甥保儿，往事如潮水般涌进了他的脑海……

没过几日，又有人来投奔，说是朱元璋的侄子。守城的官兵半信半疑，不敢耽误，即刻向朱元璋汇报。朱元璋也还真有些疑虑，怕有人听说自己收留了姐夫外甥，冒名前来，但他又心存侥幸，期待真的是自己的亲侄子。当年朱元璋出家时，只和二哥道别，大哥已死，大嫂带着侄子离开朱家另嫁他人。此时，朱元璋心中正激动地猜测此番是二哥娶妻生子了，还是大哥的孩子来了。

朱元璋怀着复杂而激动的心情再次来到城门口，满怀期待。

这次，朱元璋看到一个妇人和一个十四五岁的孩子，那妇人低垂着头，孩子倒无惊惧恐慌。朱元璋正思量着如何判断，那妇人开口说话，一听口音原来是离家多年的大嫂，朱元璋心中又是一阵酸楚。他知道大嫂当时那样做，也是没有办法的选择，否则只能连侄子也饿死。

朱元璋只听大嫂说，听人说重八今日在滁州做了大将军，威风得很，乡下都传得神乎其神。她虽另嫁但从未忘记在朱家的时光，这个孩子跟着她不会有什么前程，请叔叔收留他，栽培他。

此时的朱元璋也没什么好说的，自己的亲侄子岂有不收之理，再说大哥早逝，抚养侄子也是应该的。他当即应允下来，朱元璋的侄子就留了下来，而朱元璋的嫂嫂执意离开，再三拜托朱元璋照顾孩子后就离开了，也不愿留下地址。

侄儿到来的第二天，朱元璋喊来保儿，还有他在定远收留的一个孤儿沐英，才8岁。沐英父母双亡，小小年纪就一个人在街头流浪，靠乞讨为生。一天，他正在讨饭，遇到一位大脚妇人，样子很和蔼。那妇人

谋归一统

明朝开国奇谋

询问他的家庭情况，小沐英一一回答。妇人见他口齿伶俐，头脑聪明，就问他愿不愿意到她家去一起生活，小沐英爽快地说："愿意。"从此小沐英有了一个新家，那位妇人就是朱元璋的妻子马氏。沐英也从了朱姓，赐名文英。因一般文武官员的儿子叫舍人，简称舍，所以人们也叫他沐舍。

朱元璋先对侄儿说："按理你是保儿的哥哥，今后你们在一起要像亲兄弟一样，还有沐英，你们两人不可欺负他。"朱元璋拉起侄儿和保儿的手，以父亲的口吻说道："你们是我的至亲，如今到了我跟前，就像我自己的孩子一样。"然后拉着那两个孩子走到沐英跟前，说："沐英，我在定远遇到你，就决定把你抚养成人。今后，你们三个都是我的孩子，做我的义子，好不好？"

三个少年都经历了苦难和失亲之痛，如今有朱元璋做义父，都很欣喜。朱元璋为保儿取名李文忠，为侄儿取名朱文正，沐英就称为沐舍。

从此以后，朱元璋对这三个孩子严格要求，并为他们请了先生，教他们读书识字，学习做人的道理，平时也让三个孩子读些兵书，练习武功，准备把他们培养成文武双全的有用之才。经过朱元璋的悉心培育，用心教导，这三个义子苗壮成长。

朱元璋收养的义子，都是没有成年的；大多是孤儿，然而也有父母在世的；大多数非亲非故，是邂逅相遇而收留的；都改为朱姓，在元璋家中生活，受马皇后照料。朱元璋共有义子二十多个，上述之外，知道名字的还有朱文刚（柴舍）、朱文逊、真童等人。朱文刚和真童随同耿再成镇守处州，至正二十二年（1362年）当地发生叛乱，文刚与再成均战死。

朱元璋在政治上对义子非常信任，开始派他们出去做官，多是做一个大将的助手，既让他们历练取得功名，又有监视主官的作用。可以说，朱元璋之所以能够成功攻下大明江山，他的这些义子也是功不可没的。

朱元璋初出江湖，连战三捷，不但自己站稳了脚跟，而且招揽了大批谋臣、战将，可谓是其宏图伟业之始。

邓愈投奔，巧逢遇春

在胜者为王的乱世里，朱元璋明白：只保证自己的武装力量不被别的武装力量所吞并是不够的，所以他只有费尽心机去招降各种武装力量，才能保证自己拥有足够的力量来防止被别人的武装所吞并。他不遗余力地加紧扩兵训练使得自己的实力再度扩大，从而形成一种良性循环。

为此，朱元璋在滁州的时候，听人说到一个年少有为的将才邓愈，心中很是称赞，就想让他到自己军中带兵打仗。

邓愈，初名友德，字伯颜。幼时聪敏好学，早年就随父兄参加了义军。父亲成为一名不大不小的军官，然而在和元军作战的时候不幸牺牲，他的兄长接管父亲的兵权，不久得病，英年早逝。于是，邓愈被部众推为首领。当时他才16岁，可每次作战都冲杀在前，是位少年英雄。军队中的兵士十分佩服他的勇猛，泗州、灵璧、盱眙等地很多民众听闻他的美名前来投效。

朱元璋正在念想着邓愈这个人呢，谁知邓愈竟然投奔自己来了。

刚开始，朱元璋见邓愈带着一万多人马的军队来投靠心中很高兴，但也有些担心。邓愈此时不过18岁，18岁的少年性格还未定型，此前他能带兵打仗，说明是个勇猛之人，但这样的人作为投靠者，往往也较为敏感，恐怕不好驾驭。朱元璋也明白，若能合理调控，收服他的野心和野性，这样的人必是有用之将才。

朱元璋决定对邓愈先来个攻心，他相信人和人之间若能以诚相待，以义相对，只要是通情达理之人，都会以礼相还。而对人际关系的沟通，李善长更具亲和力、说服力。朱元璋和李善长一起找来少年邓愈畅谈军务。邓愈见初到军营朱元璋就找自己谈军务，心中很高兴，觉得受到了重用。朱元璋见邓愈情绪高昂，知道这是一个阳刚洒脱之人，不喜掩藏自己，即说："我一直很钦佩令尊的为人和勇敢，只是不能再有机缘相见，终身遗憾。能和邓公子共同对付元兵，甚觉欣慰。只是不明白，如今天下枭雄辈出，起义军众多，为何公子前来和州相助？"

邓愈老成地答道："先父生前就很敬重朱将军，朱将军是为天下百姓打仗，邓家也是为了百姓才誓死抵抗元军，这是共同的目标。正如将军所言，眼下各路起义军都在发展壮大，但真正能成气候，能为民着想的不多。"

听到此，李善长叹道："公子不愧是邓将军的儿子，有远见，有气魄。跟着朱将军，共同抵抗元军，天下不久即可平定。"

邓愈说："在下等的就是天下平定的那一天，以祭告亡父在天之灵。"

接着，朱元璋又和邓愈谈了些军法兵道，谦虚地询问邓愈对目前形势的看法，相谈投机，同时也让邓愈觉得备受尊重，心中很高兴。朱元璋委任邓愈为总管，邓愈成为朱家军中最年轻的军官。

朱元璋见这位少年英姿焕发，又听了关于他的经历介绍，不觉大喜，对他说："你的勇略超过了你的父兄，我看把你的名字友德改成'愈'吧。'愈'的意思是胜过。怎么样？"邓愈立即下拜答谢。朱元璋任命他为管军总管，仍带领原班人马，随军征战。

后来，朱元璋听人说起怀远人常遇春，知道这是一个年轻力壮、枪法厉害的野性青年，只当作笑谈，并未往心里去，但记下了这个名字。

其实，常遇春这个人与诸多出身将门世家的名将不同，常遇春的祖上世代皆为农民，他自幼家境贫寒，可以说从未受过良好的教育，还曾一度落草为寇。但出身决定不了什么，凭着超群的武艺和灵活的头脑，常遇春最终成为明朝功名盖世的开国战将，深得朱元璋的器重。

常遇春（1330~1369年），字伯仁，号燕衡，濠州怀远（今安徽怀远县）人，出生于一个贫困的农民家庭。据说他相貌奇伟，燕颔虎须，臂长似猿，勇力绝伦，且自幼习武，是一个出色的神射手。

常遇春出生的年代正处于元朝末期，此时权臣当道，政治腐败，军备废弛，土地兼并十分严重，加上元朝统治者施行严酷的民族歧视政策，使得民不聊生，百姓怨气冲天，一时间，全国各地农民起义频发。公元1351年，中原地区爆发红巾军大起义，各地豪杰纷纷响应，蜂拥而起。在常遇春的家乡，有名叫刘聚的当地人聚众起义，常遇春便加入了刘聚的起义军，那年他23岁。由于他秉性刚毅，胆识过人，深得刘聚喜爱，不久便当上了小头目。两年后，他发现刘聚"多抄掠，无远图"且"善恶不分"，觉得刘聚只是个打家劫舍的土匪，并没有长远的志向。后来，他听说占据和州的朱元璋势力强大，而且军队严整有律，遂认定朱元璋为当世豪杰，决定投奔其军。

据说，在他投奔朱元璋的路上还有一段神奇的小插曲。公元1355年，25岁的常遇春与几个志同道合同伴一起奔往和州。在临近和州的路上，他因长途跋涉，困倦不堪，便就地躺在田间休息，很快沉沉睡去。睡梦中，他迷迷糊糊看见一位披甲持盾的神人走来，大声唤他起来迎接君主。

惊醒后，他看见朱元璋正好领兵经过，慌忙跪地迎拜，请求归附。朱元璋见有勇士投奔，心里是又惊又喜，就接收了他们，遂命他做猛将前锋，与邓愈编在一队，又命邓愈与常遇春领兵自巢湖乘船南下。朱元璋故意让常遇春在年少的邓愈身边，让他这个性格乖张做过强盗的人看看邓愈如何带兵打仗。常遇春和邓愈还算配合得好，先后攻占牛渚矶、太平、溧阳、溧水、句容、芜湖，立下战功。

常遇春和徐达一起，成为朱元璋的左膀右臂。徐达是一个帅才，有智谋，有战略眼光，而常遇春则是典型的将才，他有张飞之猛勇，作战身先士卒，怒目就可威震敌胆，人称"徐常二将"。

有人将明朝的统一大业概括为南下、西征、东取和北伐四个大阶段，在所有的阶段常遇春从始到终，大小战役没有一仗不参加的。他带兵以勇猛顽强、无坚不摧而著称，自称能以十万大军横扫天下，军中将士戏称他为"常十万"。史书上评价常遇春"虽不习书史，用兵辄与古合"。

邓愈等人加入后，朱元璋的部队在兵力、文官武将诸多方面已有完善的配备，可以说具有了平定天下的基本力量。

此时的朱元璋已经从眼光、气度、谋略方面与其他的起义军将领显示出了明显的区别，而且这种眼光、气度、谋略等等具体地体现在他对军队行军打仗和日常管理之上。比如他从来不让自己的军队扰民；注意军功，赏罚分明；注意人才的使用，使得人尽其才，物尽其用，并且也没有其他起义军将领所固存的那种嫉贤妒能的致命缺陷。这也是他取得民心，最终得天下的重要原因之一。

明朝开国奇谋

进军徽州，喜得朱升

　　至正十七年（1357年），朱元璋命胡大海拔取绩溪、宣城，攻克休宁，占据了徽州，然后命邓愈在徽州坐镇。邓愈听人说此地有个隐士朱升，神机妙算，满腹才华，但他中举的时候年纪已经很大了，曾被礼部任命为池州学正。不久天下大乱，各方起义势力雄起，朱升就归隐在歙县的石门，读书耕种，归隐田园。邓愈就将朱升的情况向朱元璋陈述了一下。朱元璋自己读书不多，却深深知道读书的好处，所以他很敬重李善长、冯国用这些文才，每占领了新的地方，朱元璋必定访求地方的儒士文才，用尽方法、软硬兼施地求才。听说朱升是大儒，朱元璋下定决心要得到他，就先命身在徽州的邓愈前去拜访。

　　朱升，字允升，安徽休宁人。元末举乡荐，为池州学正。避弃官隐石门，学者称枫林先生。朱升幼年师从新安学派著名学者陈栎，重"华夷之分"，"严华夷之辨"，反对蒙古贵族入主中原，因而不乐仕进。他46岁始登乡贡进士，50岁被授为池州路学正，但拖至52岁才赴任，三年后，便"秩满南归"，隐居于家乡石门山。元末农民战争爆发后，朱升"避兵奔窜，往往闭户著述不辍"，静观时局的变化。

明代城墙

实际上，朱升虽退隐归居田园，但他并非不闻天下事。尤其是对朱元璋的发展，朱升了如指掌，待朱元璋打到徽州时，朱升担心自己被请出山，即携带家人搬进山中居住。邓愈带着几个兵士，一路跋涉走了几十里路，才到了歙县石门。先前听说朱升在石门设堂讲学，又是大名人，本该容易寻找，不料朱升迁进山中时，告诉周围人若有官兵寻访切不可告诉他的处所，只说不知道即可。所以邓愈他们问了很多人，都无从可得，最后，邓愈才得知朱升住在附近的一座山中。

邓愈和几个士兵立即赶往附近那座山，把马拴在山下，循着山路四处寻找。寻至半山腰，在溪畔见一老者戴着斗笠在钓鱼，慌忙询问："老先生，请问您此地的朱允升老先生是否住在这座山上？"

老先生打量一番来人，悠然说道："是住在这座山上。"

邓愈忙问："请先生指教如何寻访？"

那老人笑道："哈哈，你们来晚了，朱升已经死了。"

邓愈和几个兵士大惊道："怎么可能，没听说啊。"

老人道："千真万确，昨晚死的，我若不知无人可知。"

再问什么，老人即不言语，自顾钓鱼。几个兵士嚷嚷一番，只好下山，邓愈觉得非常遗憾。

回到城中，邓愈立即将此事的经过写了一封详信，速报朱元璋。

朱元璋得到信后，有些不敢相信，说与李善长听。

李善长听到后，大笑道："哈哈，果然是个聪明人哪！大帅，邓愈被糊弄了，那钓鱼的老人正是朱允升本人。"

朱元璋一想，那老人的确应是朱升本人。

朱元璋求才心切，想让邓愈再访，被李善长挡住："大帅此时不应让邓将军再访，否则只会引起朱先生的反感。善长以为，大帅当选一个合适的日子，亲到徽州求贤，毕竟朱先生几近花甲之年，想他出山本不是易事。他若真是大儒，大帅亲往，即便他不肯同来应天，也必有所获。"

朱元璋一听朱升年近花甲，觉得自己的确应该亲访。以朱先生的阅历和智慧，对自己肯定会有所帮助，且若能赢得朱升的认可，在徽州地方的发展也会顺利些。

朱元璋遂带领侍从和十几个兵士，马不停蹄赶往歙县，连县城都没去，直接到石门村寻访，就连邓愈也是奉命在石门村等待。朱元璋让邓愈和随从在村口等待，自己便装只身前往山上寻访。找到邓愈所说的那条山溪后，朱元璋顺着溪流找到一处茅屋。然而，人去屋空，朱元璋知道朱升是故意躲着，没有见到心中甚感遗憾。正待离开，朱元璋看见窗棂上有纸张飘动，走近一看，是朱升留言："老朽年事已高，只求安然度过余生，大帅请回，失礼。"

朱元璋看了后，扯下来放进口袋里，心中有些失望。

朱元璋坐在茅屋门前，抬头看山，山高云淡，平视而望，林木幽然，低头望溪，水清见底。此种风情，让朱元璋一颗久入尘世之心平淡超然不少，心静下来，人也特别舒服。片刻之后，朱元璋立起身子，长叹一声："可惜啊，可惜。"从超然的景色中回转，朱元璋还要面对现实中的纷乱。对着朱升的门，朱元璋深鞠一躬，依依不舍地边走边回头。

还未走到那溪水处，朱元璋忽听后面有人喊道："大帅且慢。"

朱元璋一回头，见一老者正笑吟吟地示意他回转。朱元璋见此人形态儒雅，一副教书先生的打扮，心想恐怕正是朱升。但他又有些恍惚，以为自己看花了眼，边走边想如何对待。

待他走到近处，见那老者其实并不显老，身体矫健，目光敏锐，只是头发花白，增了几分老意。

朱元璋见状，未语先施礼。

老者忙挡住说："老朽失礼，就在这溪边相谈如何。"

朱元璋猜出此人正是朱升，喜出望外，忙让老先生先行，至溪边光洁的石块处坐下，两人谈了起来。

朱升道："闻先生所到之城，皆施仁义之策，老朽甚是欣慰啊。"

朱元璋道："我们农民出身，所做之事自然要为百姓着想，连年的征战，受苦的就是无辜的百姓啊。"

朱升道："大帅有此心意，定能成大事。本来老朽打算避开军扰，料你若是知人善用者，必会近日来访，所以躲了起来。但见大帅不紧不慢，如此敬重文才，只身前来，心有愧疚，决定还是见上一面。"

朱元璋道："我们年少家贫，书读得少，最敬仰的就是读书人，读书明理啊。我们现在是带兵打仗，将来若要治理城池，出谋划策，靠的还是天下文才哪。在此恳请先生相助，同去应天，为天下百姓谋安定。"

朱升朗然道："大帅有此心，老朽感激不尽，既已决定归隐田园，老朽实在不愿出山，请大帅见谅。"

朱元璋以为此事万不可勉强，但朱升既是大儒，年事又颇高，就询问了他对天下局势和大势的看法。

朱升道："元朝已经到了灭亡的时候，大帅得应天是明智之举。你的邻邦虽强，但却敌不过你的谋略，也比不过你的仁义之名，得民心者得天下，自古如此。" 朱元璋听此觉得朱升所言很有道理，即问道："我们现在待在应天，虽然陆续收了附近的地方，守应天不难，但四邻劲敌，还请先生指教如何发展。"

朱升道："我就送你九个字，你若能严守这九字，得天下是迟早之事。"

朱元璋忙问："请先生指教。"

朱升缓缓道："高筑墙，广积粮，缓称王。"

朱元璋重复了一遍，觉得含义深奥，一时难以懂得，就让朱升再复述一遍。朱元璋默默读了四五遍，方解其意。

朱元璋对朱升道："先生，这'高筑墙'就是要我们守住应天，巩固应天；这'广积粮'就是要我们发展经济实力，储足物资；这'缓称王'就是要我们不要过早称王，太早称王难免被人当作攻击的目标。不知我理解的是否正确？"

朱升听后，大笑道："果然是英明之人，但这九个字不仅仅是这些。等到了关键时刻，你就想想这九个字，对你必有帮助。"

朱元璋心中非常感激朱升，奈何朱升又不肯出山，只好作别。

隔年朱升在家乡建房，朱元璋得知，还亲笔题匾相送："梅花初月"，以形容朱升的高洁、贤智。

此后，朱元璋对朱升一直敬重有加，给朱升很高的礼遇。

而朱升也感念朱元璋的英明，在朱元璋征服徽州地区的各派势力的时候，朱升总是替他说话。而在朱元璋派兵出击饶州的时候，饶州守兵负隅顽抗，久攻不下，致信朱升。朱升发挥自己的影响力，在当地调集了壮士数千，予以援助，并送亲笔陈书给饶州统帅，动其军心，劝他投降，最后朱元璋取得饶州大捷。

　　待在应天的朱元璋，势力其实已经很强大，但他严守朱升的建议，周围的张士诚称了王、方国珍称了王、徐寿辉称了王，朱元璋就是不称王，宁愿打着小明王韩林儿的旗号。这样朱元璋使得元朝把目标放在那些称王的人身上，不暴露自己的野心。同时，朱元璋利用别人忙着和元军打仗的机会发展自己，等小明王的军事力量被元朝消灭得差不多的时候，元朝的军力也受到严重挫伤，可谓两败俱伤。而朱元璋则趁机向南面和东南部突围，攻占大片土地，财力也充足了，应天的根据地也巩固了，朱元璋开始把目标对准他附近的强大邻居。

　　1358年，朱元璋攻婺州"久拒不下"，朱升劝朱元璋亲临指挥，朱元璋"因问兵要"，朱升说："杀降不祥，唯不嗜杀人者，天下无敌。"朱元璋采纳他的建议，亲率10万大军前往婺州，令"城破不许妄杀"。至同年十二月，夺取婺州。

　　1367年，朱升被授予侍讲学士、中顺大夫的职位，同修国史。洪武元年（1368年）正月初四，朱元璋在应天登上帝位。其后，朱升又制定祭祀斋戒礼、宗庙时享礼，编纂防止"内嬖惑人"、干预朝政的《女诫》，并为朱元璋撰写了颁赐李善长、徐达、常遇春、李文忠、邓愈、刘基、陶安、范常、秦中、陈德等功臣的诰书，为明初政坛的稳定起了重要作用。

　　由此可见，朱升辅佐朱元璋十余年，文治武功并著，可谓居功至伟。但是，就在朱元璋称帝之后，朱升却萌生退意。洪武二年二月便正式"请老归山"。朱升对朱元璋所说的那九字真言，正是朱元璋最后得天下的极具战略意义的方针。而朱元璋能够最终请朱升出山，也正是他对人才的敬重和礼贤使然。

义子监军，大海诚服

元至正十八年（1358年），朱元璋派胡大海与李文忠两人带兵占领严州。

胡大海，字通甫，泗州虹县（今安徽泗县）人。祖籍波斯，其祖先随蒙古军来华。胡大海原是一个炸卖油条的小商人，身材魁梧，勇力过人。1354年，朱元璋屯兵安徽滁县时胡大海前来拜见，朱元璋一见胡大海身材魁梧，相貌威严、憨厚，说话十分投机，非常爱慕，于是留于军中，命为前锋。胡大海跟随朱元璋渡江略地，立功不少。

以前，胡大海对朱元璋的统领并无异议，言听计从，卖命打仗攻城，而李文忠虽是朱元璋的义子，也能严格要求节制自己。攻占严州，是两人首次合作，合作的过程尚能很好配合，这是因为有共同的目标，而一旦城被攻下，两人却有了矛盾。

两个配合很默契的人为什么突然有矛盾了呢？原来，两人是在严州的初期管理上意见相左。胡大海以为严州刚破，应加强军事守备，而李文忠则认为百姓需要安抚，当稳定人心，疏通政治，加强各方建设和管理。两人各执己见，却未想到要共同合作努力治理城池，这是因为两人的思路和性情不同，做起细琐事来难以调和，又各不相让，虽未起争端，但有了矛盾，心里结了疙瘩，一时难以消解。

朱元璋知道这件事情后，明白他们二人都没错，只是中间缺少沟通协调而已。两人的想法也都各有道理，大凡有才之人，往往不愿妥协。

朱元璋觉得此事的沟通解决还得他出面斡旋，颇伤脑筋。一个是他的亲外甥加义子，平时钟爱有加，一个是自己信任的将领，对这两人不存在情感上的偏颇。而且朱元璋在军中一直致力树立的就是自己公正严格，绝不姑息纵容亲人朋友的形象。

一天晚上，朱元璋和马夫人说起此事，马夫人知道这是一件难调之事。朱元璋说："若处理不好，恐怕将士的矛盾此后越结越多，如今大业未定，万不可内部有矛盾纷争，这件事关系着我们驾兵驭将的能耐，也得让人说不出我们有任何偏袒。"

马夫人笑笑说："你做事总是要考虑到最详尽，现在有没有什么决定？"

实际上，朱元璋平时很少和马夫人讨论政事，更不让她参与事务的讨论，但这次不同，这次有他们的义子李文忠在里面，朱元璋以为有一半算是家事，而且他说给马夫人听，是想让马夫人出面相助。

朱元璋说："此事万不可让胡大海有半点委屈和怨言，否则保儿的未来和我们在军中的形象都将被毁。"

马夫人望着向来果断的丈夫说："我知道，你也不忍心保儿受屈，是吧？"

朱元璋笑道："知我者，妻也。"

马夫人遂微笑着说："你就别卖关子了，快说吧，需要我做什么？"

朱元璋有些不好意思道："嘿，我就说吧，就你最了解我们。"又望了望马夫人道："我们一直不想你介入军事政事中来，但此次牵涉保儿，也算是家事了，所以想请你出面跟保儿聊聊，宽慰宽慰他。"

原来，朱元璋是有自己的小算盘的：他决定严州的管理以胡大海的想法为主，虽然李文忠的建议没错，但是朱元璋暂且不让他执行，即便执行，他想好了，也要让胡大海来负责，一个人同时负责军事和城池的初步管理，比两个不和的人在一起要有效得多。但是朱元璋也知道，这个决定李文忠就算表面上碍于义父之令，心理其实难以平衡，所以他请马夫人出面做李文忠的心理疏通工作。

过了两天后，朱元璋召来帐前都指挥使郭彦仁，对郭彦仁说："严州李文忠和胡大海如今在闹矛盾，看来得我们亲自出面解决了。李文忠这次指挥有功，又是我们的亲外甥和义子，但胡大海是我们的心腹，我们对他是非常信任。"

郭彦仁道："所以元帅难以定夺正误？"

朱元璋道："不是，两人不和也并非正误之别，就因为李文忠和我们有如此亲密关系，所以必让他受些委屈，我们不能让胡大海有半点委曲求全之意。他是我们的心腹，心若稳定了，这身才能安定啊。"

郭彦仁听朱元璋一番言论，心下佩服，却有些不明白自己在此要扮演何种角色。朱元璋见郭彦仁似懂非懂，有些茫然，说道："请郭指挥速去严州，亲传我们的命令，严州事宜皆由胡大海管理决策，告诉他我们永远信任他，他是我们的心腹，我们这个天下还要靠他来安定呢。并告诉李文忠，义母念他，请他速回应天，无须让他知道让胡大海管理严州一事。"

郭彦仁得令后，速去严州，把朱元璋的话先传给胡大海。胡大海听此心存感念，感念朱元璋并未偏向他的义子，感念朱元璋在他和李文忠矛盾的时候依然信任他任用他，他从未想过自己居然是朱元璋的"心腹"，听到朱元璋亲说他为"心腹"，胡大海心中决定无论何时他都将铭记大帅的重用和信任。

李文忠听说义母召他，即刻快马回应天。他并不知道朱元璋的决定，朱元璋决定由自己亲口告诉他。

李文忠到了应天，马不停蹄，直接去见义母。马夫人见过他，一阵嘘寒问暖之后，并无他言，只说让他去拜见义父。

李文忠高兴地去见义父，朱元璋将各种事情询问之后，进入正题："保儿，你是我们的义子，又是姐姐唯一的儿子，对你，义父有责任爱护培育，但请保儿顾全大局，莫怪义父。" 这种先发制人，让李文忠有些莫名其妙，他不知道朱元璋到底有什么话有什么决定。他对这个义父是敬畏交加，平时除了正式严肃的谈话，生活中的问题他很少和义父相谈，再说朱元璋也没有那么多时间和精力。

朱元璋又说："义父知道你和胡大海两人不和，所以先召你回来，让胡大海按照他的想法管理严州，义父会重新安排你的职务，你们二人今后还要好好合作。"

李文忠听义父这样一说，心有不悦，但也不敢反驳。朱元璋知道这是李文忠正常的反应，并无多言。他知道在这种情形下，自己不宜多言，多言反而失去了威信，他扮演的是白脸的角色，接下来上场的是马夫人的红脸，这样一严一柔，刚柔并进，才能彻底消除李文忠不平的心。

没过多大一会儿，还未待朱元璋让李文忠离开，就有人来报，说马夫人差人来喊李文忠吃饭。

于是，朱元璋就推说自己有事，让李文忠自己先回家陪义母吃饭聊天。

这边，马夫人一见李文忠有些冰冷的脸，就知道他受了委屈，先不说啥，亲切地拉他吃饭，不停地给他夹菜，边吃边说："你义父啊，作为主帅也真不容易，看看忙得连饭都不能陪你吃，我在家常常也等不到他回来，就连晚上睡觉，他也常常不安稳，不踏实。管理这么多优秀的将领兵士，他操心着呢，不是担心这个受了委屈，就是担心那边有了纷争。"

马夫人一席话说得李文忠有些不好意思。直到饭后，马夫人才说："保儿啊，义母知道你受了些委屈，昨日你义父都跟我说了，当时啊，我就说这样不行，这对保儿不公平。"

李文忠一听，抬起头，感激地望着马夫人。

马夫人叹口气说："你义父说，他知道这样你会介意，但这是锻炼你的时候，他万不可袒护你，那将葬送你的前程，若他偏袒了你，将士们会怎么说。所以尽管你没错，因你是自家人，还得先屈自己人，以抚慰他人，让别人说不出话来。"

马夫人见李文忠低下头，已经知道原委，又说："保儿放心，这事不是义父不信任你，也不是义父以为你的主张有错。你们攻打严州都有功，但人家胡大海为我们打仗做事，不能委屈了他，能屈能伸才是真丈夫，保儿将来还要成大事呢，还怪义父不？"

李文忠这才正声道："义母放心，保儿绝无委屈之心，更不会怪义父，保儿会以大局为重。"马夫人见李文忠确实解开了心中的结，长舒了一口气。

又过了一天，李文忠正不知道自己是回严州，还是待在应天待命，朱元璋派人来召。

明朝长城遗址

朱元璋丝毫不提昨日之事，对李文忠说："我们虽把严州交给了胡大海，也非常信任他，拿他当心腹，但他毕竟不是我们自家人，独守严州，我们还是有些放心不下。文忠，你且再去严州，要真心对待胡大海，不可再有矛盾。"朱元璋走到李文忠跟前，接着道："但是此行，义父有一个更重要的任务交给你，命你代替义父监察大将胡大海，你虽无管治事务的权力，但对胡大海却有节制之权，他若不对，你既可干涉，亦要回报义父。"

李文忠一听见朱元璋让自己监察胡大海，如此重要的任务，他自是不敢儿戏，认真以待。

胡大海知道朱元璋对自己的重用和心意后，又见委派了李文忠一个无实权的职位回严州，以为朱元璋对自己是仁至义尽，无可挑剔，很卖力地管理城池，对朱元璋也更加臣服。

可见，朱元璋对将士的驾驭有自己的方式，这是他的英明之处，对周围人的合理调配又是他的精明之处。而义子监军，是朱元璋独特的军管方式，也是非常成功的用人模式。

自此以后，胡大海对朱元璋更加忠心耿耿，在战场上更是英勇无比。尤其是渡江后，他又攻取皖南、浙江等地，任江南行省参正政事，镇守金华（今属浙江）。虽目不识书，而能折节下士，曾荐刘基、宋濂、叶琛、章溢于朱元璋。胡大海待人诚恳，对降将也是如此，不料被降将蒋英暗算。胡大海遇害后，朱元璋作文以祭，特赠光禄大夫，追封越国公，谥武庄，肖像功臣庙，位列第七，配享太庙。

面壁思过，诚求刘基

帮助朱元璋取天下的"文臣武将"中，文人除了李善长以外，刘基也是非常重要的一位。他为朱元璋成就"帝业"起到不可磨灭的作用。

刘基（1311～1375年）字伯温，处州青田（今属浙江）人，出身官僚世家。在家庭影响下，他从小才智超群，14岁进处州（今浙江丽水）郡学，习《春秋》。17岁，拜名儒郑复初为师，攻读宋儒周敦颐、二程开创的"濂溪学"、"洛学"。他博览群书，经史子集、天文兵法无所不通，而"尤精象纬之学"。

元顺帝元统元年（1333年），年仅23岁的刘基就锋芒初露考中了进士，当时的人们都很器重他。老师郑复初曾对他父亲说："此子必高公之门矣！"

元至元二年（1336年），刘基位居江西高安县丞，为官清正廉明，因为打击权贵而声名远播。但是，在极端腐败的元末社会中，正直守法的官员很难得到重用，特别是统治集团为了巩固统治，实行民族压迫政策，把人划分为四个阶层，蒙古人最高贵，色目人第二，汉人第三，南人最下。所谓"南人"指的是元朝最后征服的原宋朝统治下的以汉人为主体的各族人民，刘基自然属于"南人"之列。才华横溢的刘基始终由于"南人"的身份在官场上到处受到排挤、打击。29岁时，刘基复审一起人命冤狱，尽改原判，因而得罪了上级官员，被降职。30岁时因同幕府官僚发生意见分歧而被迫辞官，不久补升江浙儒学副提举，行省考试官，又由于多次上书弹劾御史失职数事，受到御史大臣重重阻挠，激愤之下刘基再次辞官。先在江苏丹徒隐居，后又寓住浙江临安，每天在西湖与酒为伴，排解心中忧愤。

正当刘基辞官隐居之时，全国各地的农民起义一浪高过一浪。

至正八年（1348年）十一月，首先是方国珍在浙江台州起兵，元朝统治者为了镇压农民起义，被迫起用刘基为江浙省元帅都事。刘基建议筑庆元城，用以围攻起义军，并且极力反对招抚。方国珍大惧，厚赂刘基，遭其拒绝。方国珍收买刘基不成，便派人由海路到大都（今北京）去厚赂朝中重臣，使朝廷下诏招抚。刘基因此被元廷扣上了"失天子悯念元元之至意"的罪名，撤了他的职务，把他关在绍兴府，气得刘基多次想自尽以求解脱，幸亏门人等拼命拦阻，他才活了下来。从此他放荡不羁，一天到晚在绍兴游山玩水，作诗赋词，他自比为屈原、贾谊："上壅蔽而不昭矣，下贪婪而不贞"，"进欲陈而无阶兮，退欲往而无路"，用来抒发自己不满于元朝统治集团的情绪。

而此时的方国珍正在不断地壮大自己实力，其他各地农民军也都纷纷起义，江浙行省自感无能为力，被迫再次恢复刘基的官职，先命他"招安山寇吴成七等"。刘基自募"义兵"，采取剿抚兼施的办法，镇压了那些拒命不服的起义者。后又与行省枢密院判互为犄角，相互声援，联合起来打击方国珍。因镇压有功，他先后被江浙行省提拔为枢密院判、行省郎中，然而当报到朝廷时，由于朝中当权者排挤汉人，便借口刘基原只担任过儒学副提举，其资格足够上迁总管府判，事实上反倒降了级又丢了兵权。在仕途上三起三落、到处碰壁的刘基不再对元政府抱有希望，绝望之下，他置元世祖像于案上，北向而拜曰：臣不敢负世祖皇帝，委实因为走投无路。于是就逃归青田，时值元顺帝至正十六年（1356年）。

落魄而归、怀才不遇的刘基，此时开始冷静下来，考虑自己今后的出路。他一向把距离他最近的割据势力方国珍看成海盗，连姑苏（今江苏苏州）的张士诚，亦为刘基所不齿，他曾说："吾生平忿方国珍、张士诚辈所为！"当然不可能去投奔他们为其效力，于是决定投靠应天的朱元璋。确实，在刘基看来，在元末群雄中，有雄才大略、能成大业的除了朱元璋外再无他人。

至正十六年（1356年），朱元璋攻下南京，刘基觉得他非同一般。然而，朱元璋到底是与"圣朝"对立啊！在自己以前创作的诗歌中，不是也直斥他为"盗贼"吗？这样，饱读经史和饱尝仕途坎坷的刘基，心事重重，下不了决心，索性采取静观时变的办法。他一方面集乡勇自保，抵制方国珍攻击；另一方面，发愤写作，著《郁离子》以见志。

当刘基在青田隐居撰写《郁离子》之际，农民起义的烈火越演越烈。北方红巾军以夺人之势挥师三路北伐，向元大都进逼，刘福通则率部占领汴梁；徐寿辉、陈友谅的南方红巾军继续在长江中游发展；江淮之间活跃的另一支红巾军，在主帅郭子兴死后归朱元璋统辖，朱元璋以应天为中心建立了自己的大本营；割据长江三角洲的张士诚、割据浙江沿海的方国珍。总之，反元起义的烈火在黄河上下、大江南北熊熊燃烧，元朝的统治岌岌可危。

在这种阶级冲突与民族冲突异常激烈的局势下，作为一个胸藏韬略的儒士和一个由"卫元"向"反元"思想转变的英雄，刘基所需的是理顺自己的思想，总结元末政策，得出经验教训，从而为未来新皇朝的建设作准备。他正是在这种情况下创作出来了《郁离子》。它继承了先秦诸子以寓言比喻政事、讲述哲理的传统，对元末错综复杂、尖锐激烈的社会矛盾作了揭露，并提出为解决这些社会矛盾所作的种种设想。此后，在辅佐朱元璋创建明朝的过程中所提的各种策略均与《郁离子》所述思想一脉相通。

至正十八年（1358年），朱元璋来到婺州。翌年，置中书浙东行省。为了加强新生政权的稳固，他迫切需要当地武装力量的支持，然而地方上有名望的豪族叶琛、章溢以及刘基等人却在山里结寨自保。

其实，朱元璋早就对刘基的大名有所耳闻。所以，他在招募了李善长之后，就曾打听过关于刘基的事情。

有一天，朱元璋问李善长："你经常把我比作汉高祖，你好比是酂侯。至于徐达嘛，也比得上淮阴侯，可用谁来比作留侯呢？"李善长答："金华人宋濂博闻强记，又兼通象纬，应当可以担此重任。"朱元璋补充说："据我所知，通象纬者莫如青田刘基。"

早在应天的时候，朱元璋就知道浙江四杰在江南声名享誉，而四杰之中的刘基有"小诸葛"的美称，说他上知天文，下知地理，熟读兵法，料事如神，博览群书。在朱元璋看来若能得到刘基的辅佐，在江南的发展将会不同凡响。

此时朱元璋的求贤之心更切，于是决定动员刘基出山辅佐。

朱元璋知道胡大海在攻克浙东一带的时候，和浙江四杰有过往来，就让胡大海亲自拜请四位出山任职。而这次胡大海去请刘基，虽然还带了朱元璋的亲笔书信，却被羞辱了一番。原因竟然是朱元璋前不久所杀的一个女子，竟是江南才女苏坦妹，而苏坦妹和才女楚方玉并称"江南苏楚"，和浙江四杰多有往来，不仅诗词唱和，还经常一同参加当时浙江有名的"兰溪会"，吟诗作对，谈论天下大事。苏坦妹不仅相貌绝美，且聪颖过人，琴棋诗画皆受好评。

当朱元璋得知自己所杀的那个美女居然是苏坦妹，一下子惊坐在椅子上，很久都没回过神来。朱元璋怎么也没想到，自己所杀的竟然是江南才女苏坦妹，他还曾拜读过刘伯温与苏坦妹唱和的诗词，如今却为整顿军纪让她做了替死鬼，心中懊悔异常，也明白想要求到刘基不是那么容易的事。

尽管朱元璋做过很多错事，但他都没后悔过，而杀了苏坦妹却让他痛心不已，后悔难当，他知道必须为自己的鲁莽行为负责。几经思索过后，朱元璋决定亲去苏坦妹的墓前祭奠致歉。

见到苏坦妹墓前的碑文，朱元璋心中更是一番难受。碑文有楚方玉的沉痛悼念和对朱元璋的讨伐，见到墓前种满鲜花，献满礼物，朱元璋知道来悼念苏坦妹的文人墨客肯定不少。

为此，朱元璋当下决定，在苏坦妹墓前筑碑立文。

朱元璋的碑文一立，顿时引起城内外的骚动。不知道朱元璋杀苏坦妹的人也都知道了此事，而知道此事的人看法不一。

朱元璋对李善长说道："我们不管天下人如何看待，朱元璋做了一件愚蠢的事，就是要向天下人检讨，愿苏坦妹地下能知朱元璋对她的歉疚。"

然后，朱元璋又派胡大海去请刘基，这时刘基对朱元璋已有好感，但仍未同意。最后，朱元璋亲自去找刘基悔过，并说道："我知道此误，致使天下人诟病，更让文人儒士伤心，但已铸成大错，苏坦妹的性命不可挽回。我诚求先生出山相佐，但知先生自杭州被攻下后，隐居青田，潜心著述，我打扰并非为己，而是为了天下的百姓啊。如今战乱四起，百姓生活在水深火热中，若再乱下去，天下百姓何以聊生。"

后来，刘基终于被朱元璋的诚心所感动，答应出山助他一臂之力。

朱元璋与刘基在所设的酒席上谈话，这位久经沙场的起义军首领很有闲情逸致地向刘基问道："不知先生吟诗作赋的本领如何？"

刘基微笑着回答说："那些不过是读书人的雕虫小技，没有半点为难。"

这时，朱元璋便随手扬起手中的斑竹筷，请他以此为题赋诗。

刘基不假思索，脱口而出："一对湘江玉箸看，二妃曾洒泪痕斑。"

朱元璋听后，对他的才气很钦佩，但还是装作不满，皱了皱眉头说道："未免书生气太浓了！"

刘基揣摩透了朱元璋的心思，知道一位胸怀天下的人，怎么会喜欢这些风花雪月的诗句，不慌不忙地接道："汉家四百年天下，尽在留侯一借间。"

刘基这句算是说到了朱元璋的心窝子里。刘基巧妙地将张良用筷子为汉高祖刘邦分析天下大势的典故，放进了诗句，将朱元璋喻作汉高祖刘邦，而自比留侯张良。朱元璋听了这句是又惊又喜，一为刘基的才气，二是因为当时朱元璋帐下，虽然文韬武略，人才济济，但就是缺少张良这样谋臣式的人物。朱元璋大笑道："先生能够来到我的身边，正是上天赐给我的张良啊！"

刘基也从交谈中看出朱元璋有胆有识，便向朱元璋详细分析了天下群雄逐鹿的形势，阐明了当前应对时局的十八条对策，深得朱元璋赏识。这一幕和诸葛亮对刘备分析天下局势不谋而合，也难怪后人将刘基与诸葛亮相提并论了。朱元璋从自己建立队伍以来，对人才特别尊重，凡是他认为有才能的人，都给予了相应的待遇。刘基也不辱使命，审时度势，运筹帷幄，总能献上良策。史书上称他："遇急难，勇气奋发，计画立定。"意思也就是说，每当朱元璋遇到危难的时候，他总能献出良策，帮其渡过难关。

之后，朱元璋东取张士诚，北伐中原，遂成帝业，大致上都是按刘基的战略部署。

筑馆礼贤，浙江四杰

礼贤下士，优待降人是朱元璋政治上的另一重大措施。

李善长曾劝朱元璋效法刘邦，"豁达大度，知人善任"，朱元璋从善如流，把这话牢记在心里。攻占建康后，他宣布："贤人君子有能相从立功业者，吾礼用之。"好事传千里，前来求见的十几个儒士均被录用。此后每每命将出师，他们总要寻访、推荐一些当地名贤，这已是攻城掠地之时的另一种惯例。有时，还专门派人携带金银玉帛，四处访求贤士。听说有个洛阳儒士秦元之，很有学问，曾做过元朝和林行省左丞、江南行台侍御史，后来隐居镇江。因而朱元璋在徐达出征镇江时特地向他交代："镇江有秦元之者，才器老成，当询访致吾欲见之意。"徐达克镇江后访得秦元之，朱元璋派侄儿朱文正和外甥李文忠前去礼聘，并亲至龙江迎人，与自己朝夕相处，"访以时政"。

从朱元璋的以上举动中，可以看出他本人对人才的重视已是显而易见的了。而对于朱元璋来说，无论是文臣还是武将，只要对自己有利，对反元有利，就一定要想方设法地把他们召入自己的麾下，这也是取得天下，保证"事业"顺利进行的关键之所在。其实，不管朱元璋这样做出于什么动机，但毕竟由于文人的大量涌入，给朱元璋的队伍注入了新鲜血液，使其显示出良好的发展态势。而且由于朱元璋的这种做法，也使这些文人在对元朝统治者失望之余，看到了希望。

朱元璋在攻取金华之后，听说江南地区人才辈出，就下令广开门路招贤纳士。当时浙江的名士以青田的刘基、龙泉的章溢、丽水的叶琛、浦江的宋濂这四位最为著名，被人称为"浙东四先生"。

这四位先生在地方上的声望极大，他们都做过元朝的官员，因乱世或隐居、或辞官、或组织"乡兵"自保，很有影响力。

叶琛，字景渊，浙江丽水高溪村人。至正四年（1344年）任歙县县丞。至正十二年（1352年），升任处州路总管府判官，元将石抹宜孙在处州一带镇压农民起义，叶琛积极为其出谋划策。至正十八年（1358年），官至行省元帅，帮助元军镇压农民起义，直到朱元璋攻下处州才辞官回乡。

宋濂（1310~1381年），字景濂，号潜溪，浦江（今属浙江）人，是明初著名大学士。朱元璋时，以其博洽经史，延至幕府，备作顾问，参与谋议。"洪武中，以文学承宠渥"，朱元璋十分信任他，称赞他"学通今古，性淳而朴实，有古人之风"。

宋濂幼时体弱多病，有时甚至接连数日昏迷不醒，家人四处求医，乞神佑护，好不容易才长大成人。他自小天资聪敏，悟性很高，且勤学好问，6岁时已能吟诗赋词，名声在乡里传播，有"神童"之称。十五六岁时，乡里一位德高望重者张继之，听说他记忆力极强，曾亲自考问他，结果也感到这孩子天赋非凡，于是就建议宋濂父亲将他送到有名望的老师那儿学习，让他将来成就大器。

宋濂先拜大学者刘梦吉为师，学习儒家经书，通"五经"，后来又跟从著名理学家吴莱学习，受益匪浅，最后拜在大文章家柳贯、黄溍的名下。宋濂本性聪慧异常，加之学习刻苦，所从的老师又多为饱学宿儒，因此，到元顺帝至正初年，他就已扬名天下了。

元朝于至正九年（1349年）征召宋濂为翰林院编修。此时，入主中原80多年的元朝，其鼎盛时期已逝，皇帝昏庸，奸臣专权，朝廷内部为权力勾心斗角，甚至互相残杀，官场上下腐败贪污成风，到这样的朝廷里供职，分明是自断前程。宋濂断然以"亲老"为理由，坚辞翰林院编修不就，而是到龙门山隐居读书写作。他在龙门山一待就是十年，但他报效国家的信念并没有因为隐居十年而泯灭，他一直在密切关注着天下形势的发展，每一次社会动荡，他都会有清醒的认识。而十年的著述立说，又使他积淀了深厚的学识和底蕴，使他能够去面对一个动荡的社会，施展自己的经世才华。

章溢，浙江龙泉八都镇横溪村人，字三益，号匡山居士。曾在元将石抹宜孙派兵将诛杀龙泉一带的义军时，劝言勿杀，受到石抹宜孙的赏识，封他为龙泉县主簿、浙东都元帅府佥事，但章溢不愿为腐朽的元朝效命，退隐到龙泉和浦城交界的匡山。

朱元璋虽然发展迅猛，但也没有被胜利冲昏头脑，对人才还是求贤若渴。他虽然已经成功请到刘基为他效力，但他又怎会嫌人才多，更何况他们还都是人人称赞的贤才呢？

刘基到了应天之后，朱元璋非常敬重他，给他很高的礼遇。为了招揽到天下更多的文人谋士，朱元璋还特意建造了"礼贤馆"。

当刘基知道朱元璋专为文人建造了一所房子，且命名为"礼贤馆"的时候，刘基心中很感动，而朱元璋的用意也就在于想以诚意感动刘基，让他出面请浙江的另外三位先生。朱元璋知道，若这四人都来了，那文人墨客就不用自己去亲自请了，定会闻名而来。且若真的得到了这浙江四杰，那在江南地区，首先是有了谋臣为以后的发展打下更广泛的基础，再次是对自己赢得民心有很大帮助。

朱元璋为了彻底消除刘基的顾虑，决定以自己的行动来证明自己的诚意和对文人的敬重。那就是自己亲自为"礼贤馆"题名。

到了揭碑仪式那天，文武将士、城中的士绅，都被召集到"礼贤馆"前，参加这个仪式。花费这么一番工夫，造了一座"礼贤馆"，朱元璋当然不会放过借"馆"宣传的机会。于是，朱元璋先请刘基第一个登上"礼贤馆"的台阶，并对众人说："刘先生是我们应天最有才华的文士啊，今天还请刘先生揭开匾牌的红布。"

众人无不叫好，刘基也不退让，大方而高兴地揭下匾牌。汤和、徐达他们都知道是朱元璋题的字，在他们看来，能写字，尤其是朱元璋能写出这么好的字来，真是不容易了，所以连声称赞："这字真是有气魄！""好字啊！"众人皆议论纷纷，只有刘基不言语，望字而笑。

这些都看在朱元璋的眼里，他谦虚地对刘基说："先生，你说这匾上的字咋样啊？"

刘基再看了一下，笑而不语。

他的神态还真让朱元璋着急，众人见刘基如此反应，一时不敢言语，心中忐忑。

刘基当然已经猜到这是朱元璋写的字，虽然朱元璋很器重自己，但刘基想知道朱元璋对文人的忍耐和敬重到底有多大。他看了看匾，又看了看朱元璋，又看了看李善长他们，仿佛是说不知道谁写的，然后才说："说真话呢，还是假话？"

此言一出，全场寂静，不知道刘基要在这大喜的日子发表什么言论。尤其是汤和、徐达、李善长他们三人互望了望，仿佛说："千万别说什么丧气的话，惹得大帅不高兴。"

听刘基如此说，朱元璋有些尴尬，但也只得说："当然听真话，直言最好。"

刘基这才道："这字呢，气势是有的，但的确写得不好，实在不是好字。"

众人一听，更是哑然。刘基一副无所谓的样子看着朱元璋，等待朱元璋的回答。

此时，朱元璋脸上更尴尬了，但依然没有愠色，不好意思地解嘲道："呵呵，这字啊，是我写的，还苦练了几天呢。看吧，才写出这个样子来。所以呢，这'礼贤馆'一定得有贤士啊，不然以后应天的字还不是更差了。"

大家听到朱元璋的话，心头的紧张松弛下来，都笑起来。

只见朱元璋指着那三个字道："若我们当年有机会读书习字，就不是今天这个样子啊，所以，这是教训。希望大家看到这三个字就想想文人的重要，尤其是我们军营中的将士们，不要以为打仗才能得天下，打仗才能建功立业，这文人贤士啊，是成大业的智力帮助，是教育我们子孙后代的师长。"

众人听此言皆叫好，刘基心中也就有了数。

这时，朱元璋又特地走到刘基身边说："这'礼贤馆'只请到浙江四杰之一的您，是我的失误，若能得四杰，'礼贤馆'才名副其实啊。"

刘基见朱元璋已经公开对自己说这样的话，且朱元璋真的是求才若渴，就决定帮助朱元璋请叶琛他们出山到应天来。

就在这天晚上，刘基来见朱元璋，他说："大帅，有了'礼贤馆'，我定当与大帅一同请叶琛他们出山。"

朱元璋听此言，心中很高兴，他知道这事有了刘基帮忙，就成功了一大半。

朱元璋道："好，我当亲自去请三位先生。但是，军中事务急切，难以脱身。"

刘基道："请大帅放心，我前去说服，以探情形，明日即可启程。"

朱元璋说："这样吧，我今夜写三封亲笔信，明早送往先生的住处，以表我的心意。"

第二天一早，朱元璋的夫人马秀英拿了个布包行李，来到刘基的住处。

刘基大惊道："夫人，你这是？"

马夫人微笑道："大帅他昨日一宿都在写这三封信，现在正熟睡呢。"说着掏出三封信来，正要交给刘基。突然听到一声："谁说我们在睡觉呢，我们来给刘先生送行呢。"原来是朱元璋已经赶到了，他爽朗的笑声顿时充满了刘基的小院，马秀英嗔怒地望了望他。

第三章 广揽贤才，为己所用

朱元璋接着说道："这三封求贤信啊，写得不咋样，可是代表我们的一片心意啊，请先生相送。"

刘基接过信来，掂着三封信，居然如此厚重，知道朱元璋对文人儒士的敬重是发自心底的，而为了赢得天下，朱元璋也是最用心的。

沉默片刻，刘基说："大帅放心，我定全力进劝。请大帅和夫人先回府歇息。"

朱元璋道："呵呵，是这样的，我们不能亲往，就让夫人代我们出访。不然，显得我们不够诚意啊。"

刘基忙说："有这三封信就够了，不必烦劳夫人大驾。此去路途遥远，多是山路，夫人不必亲往。"

朱元璋道："先生可以为我们如此奔波，我们自己当然也可以。这事就这样定了，让夫人与你同往。"

刘基正要推辞，马秀英笑着说："先生不必推辞，昨晚我和大帅想了很久，孩子们都大了，也该有老师教书识字，这军营中的家眷们也都期待着设立学堂。我们这次去啊，不是为了什么天下战争的，我们是为孩子，为孩子们能学到真知识，我们是和先生一起为孩子们求师呢。"听到这一番话，刘基也不好再作推辞，就和马秀英及几个护卫一起出发了。

精诚所至，金石为开，终于打动了另外三位先生，他们来到了朱元璋军中，共谋天下大计。

朱元璋一见到几位先生便诚恳地说道："今为了天下百姓苍生，委屈了几位先生。"一个主帅能说出这样的话，让他们一听深受感动。他们听了这话，认为朱元璋心系天下百姓，一定会深得人心，是个成大事的人，纷纷表示愿意在朱元璋麾下效力。

当刘基、叶深、章溢、宋濂一同出山，来辅佐朱元璋之时，至此形成了四方名儒荟萃的局面。朱元璋热情地接待他们，说："我为天下屈四先生耳！"他又下令在自己住宅西边盖了一座礼贤馆，把他们请到那儿去住。后来，随着地盘的不断扩大，朱元璋更加重视对儒士的网罗，说："予思英贤，有如饥渴。"当时的儒士多是以耕读为乐的知识分子，都有一定田产，因而又可称之为地主儒士。这些地主儒士又大多数参与过镇压农民起义，对朱元璋的招降心存疑惧，朱元璋考虑到这一因素，因而又特地宣布"吾当以投诚为诚，不以前过为过"，讲明只要诚心归附，一概既往不咎。在他的感召下，一时间"韬光韫德之士，幡然就道"。不少曾经仕元的地主儒士和多年隐居不仕的耆儒名贤，纷纷奔走相告，前来投奔。对前来应聘的地主儒士，朱元璋也都给予妥善地安排和任用。所谓"知人"，就是要全面了解他们的才能大小及其长处和短处，然后因材授职，用其所长。

在1364年，他专就招纳德士问题救谕中书省，要他们"自今有能上书陈言、敷宣治道、武略出众者，参军及都督具以名闻"。为了更好做到知人善任，人尽其才，为此朱元璋这样说过："任人之道，大小轻重，各适其直。"

由此来看，朱元璋的用人之术，不仅体现在那些儒家学士的身上，还用到了降兵降人的身上，确实做到了"不嗜杀"降人的宽容，这正是一代明君的高尚气度之所在。可见，只有不断觅得高才，揽取高才，善用高才，才有可能得到天下，干成大事。

第四章

奇计百出，并吞八方

在战场上，要想让自己永远立于不败之地，除了过人的能力和优秀的个人素质外，最重要的莫过于善于审察时机，权衡形势，根据自己的实际情况，因地制宜，提出行之有效的方法，逐渐使自己的实力强大起来。在拥有一定的实力以后，想要少犯、不犯大的失误，保持实力，就需要能够明辨大局，调整策略，适应新的情况。朱元璋在历次生死大战中，始终懂得察人、察势，保持事业的正确方向。

收取民心，计除天叙

至正十三年（1353年）七月，朱元璋率部占领了滁州。没有多久，郭子兴因为与孙德崖他们彻底决裂而率其部万余人从泗州来到滁州，当他看到朱元璋率领的三万兵马，号令严明，军容整齐，非常高兴。但郭子兴没有远大理想，只想统领滁州，朱元璋对郭子兴说："滁州乃一山城，舟楫不通，商贾不集，非英雄所居之地。"郭子兴这才打消了原来的念头。

没过多久，朱元璋率军夺下和州（今安徽和县）。但是，他却发现士兵染上了抢掠奸淫的恶习，便决心整顿军纪。他召集诸将，申明纪律，释放了军中被抢来的全部妇女，深得百姓拥护。

实际上，自从取下定远，到占据和州，年轻的朱元璋充分显示了他的军事才能，这是有目共睹的，连李善长这样的文人贤士都不得不佩服他的果敢、严谨和威猛，也正是他的个人魅力赢得了很多人的拥护。拥护朱元璋的这些人多是青壮年，而军队中跟随郭子兴的那些老将对他的发迹不屑一顾。朱元璋决定一定要显示一下自己的威严，让郭子兴的属下知道自己不会完全听命于郭大帅，独立门户是早晚的事。

朱元璋到和州的时候，手里拿着郭子兴封他做总领和州军事的檄文。朱元璋知道张天祐第一个不服气他，攻克和州张天祐有功，且他又是郭子兴的小舅子，而同驻和州的一些老将也都站在张天祐那边，是郭子兴的部下。如强行管理军事与和州城，这些人断然不会服气，难免会有内部纠纷。

从濠州出来的朱元璋，最嫉恨的就是内部争斗，这简直是自取灭亡。若不是内斗，孙德崖、郭子兴、赵均用他们个个都算得上是骁勇善战的人才，哪能到现在才只攻下区区几个城呢？

为此，朱元璋到了和州，并未立即发布郭子兴的檄文，而是嘱咐汤和、徐达他们保守秘密，决定给那些老将来个下马威，同时再用计策收服他们。

一天早晨，到了召开军事会议的时候，诸位将领早早到会，只有朱元璋来迟。朱元璋进来的时候，看到诸将都坐在右席，只有大厅上主将的位置和左边的几个席位空着。当时的风俗是遵照蒙古人的习惯，以右为尊。朱元璋也不说话，径自坐在左边的最后一张椅子上，颇有意味地望了一眼主将的空席。原来昨日朱元璋差人把大厅中主将的席位撤掉，换成一条木凳，乍一望去似乎没有主位，而置一木凳想必张天祐他们断然不会有坐上去的想法。

坐在左边的末座，朱元璋静听各位将领的发言，沉默不语。只见张天祐一副有功的得意模样，高谈阔论，其他各将又是说冲锋，又是讲围守，都未谈及如何判断敌情，如何谋划军队部署。等到了商谈下一步军事计划的时候，诸将都不言语了，面面相觑，不敢下判断，也不敢有所建议。朱元璋这时方才说话，论及当前的军事情形，严密分析各方义军的发展态势，合理地推测元军动向，提出图谋江南、渡江发展方能有广阔的天地。这些论断和逻辑严谨的分析，让在座的各位老将不得不叹服，都开始对朱元璋刮目相看，就连张天祐都收敛起他孤傲不屑的神态。

此时，朱元璋依然没有拿出受命为总兵的檄文，他要等更好的时机。他知道带兵打仗是一回事，而治理城池又是另一回事，他就是要让军中各将对他信服，只有信服自己才能在以后的发展中为自己效力。郭子兴如今困在滁州，且体弱多病，心有大志的朱元璋当然不会放弃郭子兴的军力。

到了下一次议事的时候，朱元璋果然备受尊重，甚至有些老将领主动邀请他坐右边的座位。对此朱元璋依然是以沉静谦卑相待，坐到左侧。上次谈军事气氛活跃，这次似乎大家都不知说什么好，没个主将，也无人主持会议的主题，会场略显冷清。朱元璋见众人都无话可说，就提议修筑城墙，各位将领也都赞成。因为当初攻打和州的时候，城墙经历了一次大战，现在已是残破不全。朱元璋见众人都同意了，于是建议说自己负责一半的工程，各位将领一起负责一半的工程，工期是三天。各位将领听了，心中大喜，以为占了便宜，纷纷答应下来。

朱元璋把自己负责的城墙分成几段，派汤和、徐达、周德兴等人分管各段的修整，日夜不歇。到了第四天一早，只有朱元璋一人完成了任务，修筑了和州一半的城墙。而其他几个将领仗着人多势众，没把修城的期限放在心上，且他们几个人中又无人能够服众，缺少沟通协调，工程被拖延下来。

就在第四天，各位将领相聚议事，并未把修城未完之事放在心上，脸上一副无所谓的神情。

朱元璋沉下脸来，走到主将的位置，神态严肃地拿出郭子兴的命令，站着说："我奉郭大帅之命，总领和州军政，责任重大，而修城墙这样的小事，各位将领居然未能按时完成。城墙的重要性诸位比我都明白，万一有敌情，如何守城？军务如此紧急，诸位将领却不放在心上，还谈什么军纪！郭元帅既然命我做总兵，我就得严格执行军法，此后如有抗命者，严加处置。"各位将领看到确实是郭子兴的令牌，无人敢言语，而且的确是自己延误了工程，自知理亏，只好低头认错，并请求朱元璋宽恕。

朱元璋环视四周，心中明白，虽然这些人表面上认了错，心中其实还是有些不服。朱元璋决定先惩罚自己的结拜兄弟，申明大义，严肃纪律。

朱元璋首先下令处置汤和，原因是汤和虽然完成任务，但是完成得不够好，质量不高。各位将领见此，知道朱元璋绝不是一个软弱的人，也不是一个说话儿戏的人，又能秉公处事，不再要求宽恕，纷纷接受处罚。

李善长和那些老将的年龄差距不大，又博古通今，口才很好。朱元璋就让李善长平日多和那些老将沟通交往，调解他们之间的关系，树立朱元璋的威信。同时，朱元璋又传令将士们，把军中所获的钱财、民物全部归还物主，开仓济民，受到当地百姓的赞扬和爱戴。

但是，随着军队的发展壮大，各色人等都混杂进来，尤其是在收归降服民兵的时候，地主的武装力量很复杂。朱元璋对此早有戒心，但一直没找到合适的时间和机会来整理肃清。到了和州不久的一天，朱元璋正要出门，见军营外有一个八九岁的孩子，衣衫褴褛，低低啜泣。朱元璋看到这个孩子，想起自己当年穷困落魄的少年时代，就上前询问。原来，这个孩子的父亲在军营中养马，而他的母亲也在营中。他的父母亲不敢相认，而他更不敢去认自己的父母亲，只好在门外等候，可是又饿又怕，就哭了起来。

朱元璋立即回营，召集营中所有的闲杂人等，并让孩子来认母亲、父亲。调查之后才知道，原来是有很多小官兵，在攻城以后乱抢东西，霸占民女，强拉仆役，致使许多夫妻无法相认，也不敢相认。朱元璋心中大怒：这样下去如何得了！即刻召集所有将领军官，严整军纪："和州城内的将士，多是单身，未带妻小，但我们决不能危害百姓，掠人妻女。军队有军队的纪律，以后若取城池，所得妇女，只有无夫未嫁者可适当嫁娶，万不可抢占有夫之妇，违纪者严惩。"

次日，朱元璋便召集城中男子、妇女在衙门前集合，让男人在街上分站成两列，让军营中所有俘获的女子都前去与丈夫相认。果然有很多对夫妻相认，民众对朱元璋的感激敬佩之情又多了几分。如此一来，和州城经过管理和修整，逐渐繁荣有序起来。而朱元璋在军中的位置也逐渐巩固下来。

至正十五年（1355年）三月，郭子兴病亡，朱元璋很是悲痛。他和郭子兴的夫人、儿子将郭子兴送回滁州安葬，同时也觉得自己出头的日子快要到了。郭子兴的死，使一位起义首领走完了自己的归程，也把朱元璋送到了历史的前台。虽然郭子兴的死对元朝和其他起义军来说似乎没有什么影响，而对一个人来说却影响极大，这个人就是朱元璋。郭子兴死后，濠州城的内乱，加上元朝的袭击，可以说那几个将帅都势力渐弱，人心惶惶。在这其间，朱元璋的个人魅力和办事能力迅速征服了这一带的红巾军。再加上他是郭子兴的女婿，郭子兴的势力甚至濠州城的大部分红巾军都有倾向朱元璋的趋势，因为郭子兴的儿子郭天叙实在不能和朱元璋的能力相比。所以说，郭子兴的死，为朱元璋的发展提供了良好的机会。

这一年，刘福通已经派人把韩林儿接到亳州（今安徽亳县），立为皇帝，称小明王，国号宋，年号龙凤。郭子兴死后，郭天叙被任命为都元帅，朱元璋为左副元帅，军中文告均用"龙凤"年号。

至正十五年（1355年）六月，朱元璋顺利渡江，拔太平。在太平地区，朱元璋安抚百姓，严整军纪，赢得当地人好评。而元军见朱元璋从江北发展到江南来，且一举攻下太平，很担忧，立即出兵两路包围太平，一路从陆路发兵数万前来进攻，一路从水路，封锁太平附近的路径，堵住朱元璋的出路。朱元璋先亲自率领壮士拼命拒守，并在出兵前，对将士们许诺重赏，鼓舞士气。太平成功守住，且降服元军几千人。

而困在滁州城的郭天叙，见朱元璋一举夺下太平，心中更加嫉恨。自从郭子兴死后，朱元璋事事都不再迁就郭天叙，一心发展自己。此时，郭天叙已经料到朱元璋可能会攻集庆，而集庆也是自己的目标，怎能拱手让给朱元璋呢？于是郭天叙暗暗行动布局，想要攻集庆。

朱元璋知道以现在的实力和能力要攻集庆不能强取，只好在太平地区休养生息，笼络人心。此时，朱元璋的夫人马秀英还留在和州，渡江时，朱元璋留下部分兵士和妇孺在和州，以免造成行军的负担，而且和州是后方根据地，也需要人来镇守管理，而将士们的家眷留在后方有人照看，将士才能安心作战。

到了八月，朱元璋听人报说郭天叙已经聚集军马，准备攻打集庆。听到这个消息，他心中十分喜悦。当初冯国胜建议朱元璋或攻打滁州或杀郭天叙以摆脱郭家的控制，朱元璋都没赞同。其实是他心里有更好的策划，那就是利用郭天叙，只不过要等待时机。

现在，最好的机遇终于到来，朱元璋派人送信给马秀英，详细叙说了他的策划。朱元璋知道，以郭天叙的实力渡江攻集庆是不可能的，但他朱元璋就是要让郭天叙相信这是可能的，让他盲目地、无知地去攻打集庆，也就是让他自取灭亡。同时，朱元璋让留在和州的冯国胜趁郭天叙出兵攻打集庆的时候，一举夺下滁州。

马秀英得到朱元璋的亲笔信后，即刻赶往滁州亲见郭天叙。郭天叙见马秀英腆着大肚子，眼圈红红地来找自己，还以为是姐姐在家和姐夫吵架，前来诉苦。他慌忙扶住步履不便的马秀英，让进屋里。

马秀英还未进屋，欲语泪先流，哭诉道："你得帮帮你姐夫啊……"

听此言，郭天叙大惊道："怎么回事，慢慢讲来。"

马秀英道："这个倔脾气的重八，不顾我有孕在身，一心想要渡江攻打集庆。他说现在集庆城内空空，无兵看守，郭元帅如今正需要发展实力，他作为姐夫必须全力相助。他还说，你们前几日已经商量好了要渡江攻集庆。"说着又哭起来。

郭天叙一听，心中有些生气，觉得朱元璋自己偷偷计划打集庆，却说和自己商量好了。其实只是渡江之事有过商议，当时郭天叙想，没有船只，且物资不足，就没有出动，不想朱元璋居然顺利渡江了。这些时日，郭天叙已经让人赶制了一千艘船只，想亲自去攻集庆。

马秀英见郭天叙无语，忙说："弟弟啊，这不是你姐夫的意思，是我私下里以姐弟情谊相求。想请你守好滁州与和州，帮你姐夫解决后方忧虑，让他能安心攻打集庆。他说集庆的守兵很少，但我担心渡江有危险啊……"

听马秀英说集庆守卫薄弱，郭天叙出兵之心更切。

"原来如此。"郭天叙在心中叹道，他对马秀英的话向来是深信不疑的。无论怎样，郭天叙和马秀英也是儿时一起玩过的伙伴，后来马秀英跟随郭子兴，成为郭子兴的义女，和郭天叙也是姐弟一场。并且，当初马秀英未嫁朱元璋时，郭天叙对马秀英颇有好感，只是郭子兴没答应这门婚事。直到现在，郭天叙甚至还认为他最初恋着的这个女人是对自己有感情的，只是父亲从中为难，使得他们无法在一起。

　　同时，郭天叙脑筋一转，在心里盘算了一下，攻打集庆的确是个好机会，总比守在小小的滁州有价值的多。如果攻下集庆的是他郭天叙，那他的未来将是多么光明；如果是朱元璋攻下集庆，那他对自己的威胁将会更大。

　　于是，郭天叙很动情地说："姐姐，如今你就要生产，当然不能让姐夫冒此危险去打集庆。放心吧，集庆交给我去攻打。"

　　马秀英当下泪流满面，郭天叙再三挽留马秀英住下，马秀英不好推托，请人通告朱元璋郭元帅的想法。其实是郭天叙有意扣下了马秀英，他还是对朱元璋不太放心，想让她做个人质，让朱元璋支持自己攻打集庆。

　　听到消息，朱元璋暗暗笑了几声。他知道，自己这个计策已经成功了一半。

　　接下来的几日，郭天叙则调集了濠州和自己身边的所有军马，与张天祐两人准备亲征集庆。他得到的消息和情报多半有些虚，是朱元璋故意减弱了攻集庆的艰难。

　　九月初一，郭天叙认为这是一个好日子，他和张天祐两人率领几万人浩浩荡荡去攻打集庆。在集庆城外二十里，郭天叙的军队即被元军阻拦，一场恶战展开。郭天叙见元军如潮水般赶来，知道自己得到了虚假的情报，心中恨死了朱元璋，但已无退路，只能决一死战。元兵则调集了集庆的守兵前来围攻，把郭天叙和张天祐所率军队从四面八方包围了起来，使郭天叙和张天祐既不能前进，也不能后退。

　　朱元璋得知郭天叙和元军在集庆二十里外打起仗来，颇显焦虑地说："还不知郭元帅现在是怎样的惨败……"

明皇陵

李善长道："将军怎知道此时郭少帅惨败呢？"

朱元璋说："攻集庆，就是咱们和郭少帅的力量联合起来恐怕都不行。这个少帅啊，心性急，肚量小，一心想要功成名就，而且他的军权是郭大帅所留，自己并未带兵打仗，盲目出动必败无疑啊。"

此时，朱元璋心中百感交集。他朱元璋的确是借着郭家起家的，就连这个名字也是借郭子兴的名义取的，是郭子兴给了他家室，让他有机会带兵锻炼……想到这些，朱元璋心中有些伤感，但很快他就理性起来。他知道要想做大事，必须有魄力，是宁可我负人，不可人负我。他不可能直接除掉郭天叙，这样马秀英不允许，他也将失去天下。他和郭天叙的矛盾本来就是你死我活的争斗，就是他放过郭天叙，郭天叙也不会放过他，而像郭天叙这样的人还不如郭子兴的一个小头目，早晚会在竞争中被灭掉。想到这些，朱元璋觉得杀死郭天叙的并非自己，而是郭天叙自己，是郭天叙的性格注定了他的命运。

朱元璋正感慨间，徐达来报，说郭天叙在集庆情况不妙，元兵甚众，义军伤亡惨重。原来朱元璋早派了徐达前去观察情况。

朱元璋听此，立即大声道："汤和、徐达听令，带兵一万前去援救郭天叙和残余的义军。"

朱元璋这样做不过是掩人耳目，让人知道他讲义气，顾大局，而他心中却盘算着收回郭天叙和张天祐手下的军队。

等到汤和、徐达赶到集庆附近，只见郭天叙的人马死伤遍地，他本人也不幸被乱箭所伤，当即死去，张天祐也已战死。主帅一死，其他军士如同决堤的洪水，败退而逃……徐达和汤和两人只是收拢了残留的义军，知道不可硬战，率领郭天叙的残兵败将火速回到太平。

朱元璋听到郭天叙、张天祐被害的消息，显出非常悲痛的样子，但内心却暗自欢喜。他这招正是借刀杀人。此时的朱元璋再也不是皇觉寺里的那个行僧了。经过残酷斗争环境的磨炼，已经使他谙于谋略、善于玩弄权术了。郭、张一死，他们的旧部全归朱元璋指挥，朱元璋终于成为这支队伍名副其实的统帅。郭天叙是郭子兴的次子，郭子兴的长子已经战死，他还有一个三子叫郭天爵，留在朱元璋手下。朱元璋占领集庆后，他被小明王委以江南行中书省右丞之职。因对朱元璋不满，联络郭子兴旧部，企图谋反，事情败露后被杀。此是后话。

经过这一番斗争，朱元璋排除了异己，不仅占领了滁州，还顺便收回了郭、张的军队，淮西义军的最高指挥权也握在他的手中，此时他的兵士已近十万。朱元璋的手下可谓兵强马壮，事业正是如日中天，而他心里念念不忘的集庆就在眼前，更大的、重要的谋划和企图正待展开……

攻占集庆，设置府衙

小明王封郭天叙为都元帅，张天祐为右都副元帅，朱元璋只是一个左都副元帅。而郭天叙和张天祐战死后，朱元璋名正言顺地成了都元帅，当然朱元璋并不在乎都元帅的位置，他的目标还未实现——攻下集庆。集庆到底是一个什么样的城池呢？让朱元璋如此地念念不忘。

紫金山，虎踞龙腾；石头山，陡峭险要；长江水，日夜奔涌；中有一座城池若隐若现……这便是朱元璋念叨已久的集庆。

集庆就是现在的南京。南京可是个好地方，背山面水，实属"王气所在"。除了风水好，集庆还是一个农业发达、商业繁荣的地区。如此宝地，实在无法不被朱元璋注意。

朱元璋在定远时收入麾下的将领冯国胜，不仅是个难得的将才，更是一个非常有远见的人。他向朱元璋提出，应该马上渡江而战，攻占集庆。朱元璋深以为然，想要攻战天下，就先攻占一个曾经的帝都吧。朱元璋下定决心，占领集庆！

占领集庆应该是朱元璋的一个非常正确而重要的决定。朱元璋当时的兵力不可小觑，但他所占领的城池过于狭小，几万人的吃喝可是个大问题。集庆凭借其得天独厚的地理位置历来是兵家必争之地，能够占领这个交通枢纽加粮食重要产区，才有可能进行下一步的动作——逐鹿天下。

但是，朱元璋尽管手握重兵，兵种却十分单一，不是步兵就是骑兵，没有一个能下水战斗。没有水军，是朱元璋攻陷集庆的最大障碍。

不过，这个问题随着两个人的出现得到了彻底解决。史载："会巢湖帅廖永安、俞通海以水军千艘来附，太祖大喜，往抚其众。"巢湖帅，说难听点其实就是海盗头子，平日里打家劫舍、杀人越货。廖、俞的上千条战船，说白了就是些战斗力平庸的渔船，并且在后来的战役中成了朱元璋的掣肘。但在此时，聊胜于无。在朱元璋眼里，能带给他水兵的人就是最有用的人。

也可以说，廖、俞二人实在有眼光，他们在一个最恰当的时机，把宝押在了最正确的人身上。

虽然说是攻占集庆，但朱元璋却没有冒进，他发挥了天才的军事才能：提出攻占集庆，首先要攻打采石——进可攻，退可守，免得一个不慎，无力回天。攻下采石后，朱元璋又一举拿下太平。此乃一着险棋：此时的太平周围尽是元朝的军队，元右丞阿鲁灰、中丞蛮子海牙等军队拦着水路，陈野先水军的将领康茂才率领数万人正猛攻太平。然朱元璋派兵前后夹击，生擒了陈野先，一并接收了其军队。只不过，这个陈野先，竟会成为后来攻打集庆而不得的原因。

元至正十五年（1355年）秋，义军开始攻打集庆，《明实录》载："发兵攻集庆路，留陈野先于太平。命元帅张天祐率诸军及野先故部曲以行，兵至集庆，攻之，弗克而还。命元帅张天祐率所部军攻集庆，陈野先遂叛，与元福寿合兵来拒，战于秦淮水上，我师失利，天祐、郭元帅皆战死。"郭天叙、张天祐率军两次攻打集庆，却均因陈野先的背叛失败，郭天叙、张天祐也在这两次战役中战死。陈野先叛逃后被民兵所杀，他的从子陈兆先收拾他的余部，屯聚于方山，继续与朱元璋为敌。

对朱元璋来说，两次失败，未尝不是一件好事：一直以来压在他头上作威作福的郭子兴之子郭天叙没有了，郭子兴的旧部下张天祐也没有了。郭子兴的余威终于散去，他的军队则悉归朱元璋所有，朱元璋顺理成章地做了义军的最高统帅。

其实，朱元璋早知陈野先不可靠，对其一直不信任，但他依然派出郭、张率领陈的旧部攻打集庆——用一支内部裂痕重重的部队去攻打城坚墙高的集庆，失败是必然的，但战斗的失败却意味着朱元璋个人的成功。这不得不让人怀疑，朱元璋是有意为之，意在为自己清除障碍。

元至正十六年（1356年）春天，朱元璋一直在谋划攻取集庆一事。这对朱元璋来说，是他在江南发展基业只可胜不可败之举，所以朱元璋慎重再慎重，谋划再谋划。

早在攻下太平的时候，李善长就建议，攻集庆切不可硬打。郭天叙的惨败说明集庆的守卫力量非常强大，毕竟那是江南重地，城池坚固，驻有许多精锐元兵，是很多人觊觎已久的地方。如果久攻不下，就会一败涂地。

而冯国用则建议，先在太平发展势力，让兵士们熟悉这一带的环境，慢慢攻下集庆周围的城镇，孤立集庆，再重兵出击。

朱元璋也就不紧不慢地在太平发展起来，虽然这几个月以来，陆续占领了集庆附近的溧水、溧阳、芜湖等一些城池，集庆渐渐处于孤立状态，但朱元璋还是不敢轻举妄动。因为和州与太平的交通只有靠水路可行，但水路多被元军切断，消息难以通畅，和大后方的信息不通，军心难定。

于是冯国胜建议说："当务之急，一是稳军心，二是赶走元水军，为攻集庆开路。而赶走元水军是稳定军心的前提，现在只有先对付元水军，使人心稳定，水路畅通，攻集庆也就有了基础。"

这是二月间，农历年的气息并不久远。朱元璋觉察到军队驻扎在太平，跟后方信息难通，将士们思家心切，情绪有些低落，而水路不通，攻集庆的路途又少了一条。于是派常遇春、邓愈几名年轻将领带几千精兵前去决战元水师，同时告诉士兵这次不是去打仗，而是扫清联通家乡的信息之路。兵士一听是扫除联络中的障碍，都非常兴奋。而之所以派这几个年轻人，是因为朱元璋想给对方一个误导，让对方以为这些年轻人没作战经验，有了轻敌的心理，再让他们一显身手，猛攻强打。

果然，元水兵将领见来了几个年轻小伙，心中大笑，并未放在心上。不料，这几个人个个骁勇善战，常遇春百战百胜的长枪、邓愈的准箭，以及高昂的士气，使得元水军很快溃败。常遇春他们击败水兵，俘获了所有的船只，两岸的交通完全通畅了，能收到后方传来的家书，军心也安定了。同时，这次水战让朱元璋获得很多军船，他的水军力量增强。这可以算是攻集庆的前奏。

朱元璋和文武将士们商讨了几天几夜，决定以最强的军队阵容，亲率水陆大军并进，全力进攻集庆。朱元璋以为集庆附近的小城都被攻占了，兵士们可以从四面围攻，且四方都可以不断派出援兵。朱元璋部署好各方事宜，又担心万一消息走漏，对自己不利，决定推迟原计划两日再行动。

本来是定于二月最后一天发兵，现在就变成三月初二开始行动。

但这中间的两日，朱元璋并未闲着，他把目标放在集庆附近的方山上。方山驻守着陈野先的侄子陈兆先，而陈野先是个不讲信用、见风使舵之人，忽而投向起义军，忽而投向元军，前不久被民兵所杀。他的侄子陈兆先收归了他的旧部，被元军用来防守集庆。朱元璋不知道陈兆先是怎样一个人，他决定攻集庆前，先打方山，把这个防护破了，为军队开路。

朱元璋这次让胡大海主动出击方山，陈兆先也是勇猛之人，不似他叔叔懦弱势利，毫不畏惧，亲自迎战胡大海。陈兆先迎到山下，胡大海则边打边退，故意把陈兆先诱出方山，两人正在交战，打得非常激烈，不想胡大海用了个奇谋，又突然转马，陈兆先一个不防备，跌下马来，还未等陈兆先反应过来，胡大海已经和两个士兵将他捉住。此时，冯国胜朝山上高喊陈兆先已经被捉，要山上的士兵下来投降。

朱元璋和李善长左劝右说，终于使陈兆先投降。这一次不仅打下方山，还得兵两三万人。

到了三月初二这一天，趁着首攻的胜利气势，朱元璋向集庆发起总攻。这一次朱元璋太过认真对待，军队士气高涨，将士勇猛直前，一路杀来，从四面直抵集庆城下。

终于到了最后的时刻，朱元璋迫不及待地想要踏入集庆的大门。在距离集庆城门五里的地方，他命士兵一边行军，一边敲锣打鼓。城中的元军本就精神紧张，这么一来更是被吓破了胆。不得已，元军守将福寿只得主动出击，不过很快就被打败。

福寿无奈，关闭城门死守。朱元璋命将士用云梯登上城楼，城楼上的防线随即被攻破。福寿又率人与义军巷战，誓死抵抗。兵溃后，福寿在城中楼前，依然坚持指挥左右抵挡。有人劝他投降，福寿严厉斥责并射杀了劝降者。最后，福寿终因寡不敌众战死。在经历多番周折后，朱元璋终于正式入主集庆。入城后，朱元璋厚葬了福寿。

福寿之所以能够得到朱元璋的厚葬是有原因的。虽然他们身处不同的利益集团，虽然福寿所处的一方在当时看来确实是失道寡助，但他

谋归一统

明朝开国奇谋

却依然尽到了一个守将应尽的责任与义务。有很多人审时度势，弃暗投明，这本是无可厚非，"英雄知时势"，但忠于自己的朝廷，"虽九死其犹未悔"，却也是一种难能可贵的品德。

入城后，朱元璋效仿汉高祖刘邦，为安抚城中百姓，他首先召集了城中的官吏和军民，宣告说："元朝政府已经腐朽至极，政治腐败，民不聊生，如今天下大乱，四处起兵反元，都是因为元朝政府本身的腐败。而多年的征战，老百姓深受其苦，你们困处在危城之中，不能安居乐业。我率兵来此，是要为你们除乱除害，请不要疑虑恐惧，各守其职，贤人君子当以礼任用。官兵和官吏们不可横暴，祸害百姓。旧有制度危害百姓的，当即可革除更改。以图百姓安居乐业，城池繁荣。"这话一出，城中百姓没有不欢欣鼓舞的。可以说，从心理上，集庆人接受了朱元璋。很快，城中百姓安下心来，城中的秩序不再混乱，很快恢复正常。朱元璋又让李善长写出安民和招募贤才的告示，四处散贴在城中。

集庆一战，朱元璋不仅得到了梦寐以求的水军，充实了自己的军事力量，郭子兴嫡系将领的战死也让他拿回了属于他的军队和兵权。从此，他可以放开手脚，大干一场了。

从古至今，真正的成大事者的成功原因就是，成大事者知道自己想要什么，从而不被眼前小利所迷惑。很多农民起义军在攻占一城一池后就满足于享受，也干起了那些剥削人的勾当，最终被敌对力量绞杀，风起云涌也就最终风消云散；而朱元璋之所以能在诸多起义军中异军突起，且取得最终胜利，就是因为他明白，自己向往的舞台是全天下，从来不是一城一郡。因此，直到他问鼎天下的那一天，朱元璋都时时保持警醒，从不停下追逐的脚步。

攻下集庆这一夜，朱元璋是非常兴奋和激动的。他想起还守在和州的妻子马秀英，想起自己戎马生涯，常年漂泊在征途中，少有安定，有些心酸，他此时多么渴望看到久别的妻子，还有尚未谋面的儿子。他朝着和州的方向，喃喃道："集庆，这是一块宝地，也是咱朱元璋的定居处了。"

隔日一早，朱元璋和徐达急着巡城，先到集庆府，不料见到正在忙着指挥的李善长。见李善长忙得不亦乐乎，朱元璋有些纳闷，忙问他在指挥兵士们运什么，李善长笑道："都是宝物，无价之宝。"

朱元璋更加纳闷，走近一看，原来是些账册、税录、户籍等官册。李善长见朱元璋还未明白，就说："这些册录都是江南各地的情报啊。"

朱元璋顿然大悟，哈哈大笑道："先生说的是啊，这些都是宝物，是咱对付东南地区的无价之宝，也是咱治理集庆的无价之宝。"

巡城一周，朱元璋觉得集庆真是阔达雄伟，城内物资充足，心中大喜。

傍晚时分，朱元璋决定召开全军大会，在会上先表扬了常遇春、胡大海等有功之人，接着又对常遇春施行了处罚，原因是常遇春进城后滥杀军民。这个常遇春是个骁勇之将，但有一点不好，就是喜欢在战争中毫无顾忌地杀戮，朱元璋已经屡次严加管束，他虽有收敛，但不能做到手下留情。处罚常遇春，朱元璋是为了给兵士将领们一个警告，警告他们功是功，过是过，有功论赏，有过严罚，以正军气。

朱元璋在这个集会上，还宣布了一件让将士们欢欣鼓舞的事情，那就是他们占下集庆后，不回和州了。朱元璋历数了江南的富庶和发展前景，到最后才说要尽快接来留守在和州的妇孺家眷，一时间将士们的心情沸腾起来。

朱元璋把集庆路改为应天府，设置大元帅府，自任大元帅。之所以设置为应天府，在朱元璋看来，他从一个一无所有的贫民，能得到今天的辉煌，全是顺应了天意，上天庇护，所以取名为应天。

集庆的确是朱元璋霸业的开始，他重新调整在江南地区收归的军队和文武将才，论功行赏，重新分配职务。小明王得到朱元璋攻下集庆的捷报，升任朱元璋为大元帅，行中书省平章，其他各大将领皆升为元帅。朱元璋这个时候虽然不把小明王放在心上，但他牢记那九字，以为自己称王的时机未到，天下并不太平。

对朱元璋来说，虎踞龙盘之地集庆只是他霸业的开始，但得到集庆还得守住集庆，因为他的周围都是强敌。东南边是最富有的势力张士诚，东边是元将扼守镇江，西南面是兵力雄厚的徐寿辉，南面和零散处都是元兵把守……朱元璋在此算是新来的势力，必受到关注和排挤，且被围在中间，军事形势并不利。

此时的朱元璋，虽然得到了集庆，但要守住集庆，在江南稳住脚跟，夹处群雄之间，他必须再接再厉，杀出一片天地来。为此，朱元璋开始新的征战，他的目标是先在江南稳住脚跟，有个稳固的根据地。只有这样，他才能向各方出击，图谋江南。

避强攻弱，攻下镇江

朱元璋为了保卫应天，稳固自己的大后方，他必须马不停蹄地奔走大江南北。然而，他最担心的还是大后方的稳固，如果没有稳固牢靠的后方补给线，那么前方的一片美好景象，只不过是一种虚假的繁荣而

已，面对敌人时将会不堪一击。另外，他眼前的军事形势也极为险峻：元将定定在东边据守镇江；青衣军张明鉴据扬州；张士诚占据平江、常州，后来又占据了浙江西部的一些地区；元将八思尔不花驻守徽州，石抹宜孙驻处州，石抹厚孙驻婺州，而衢州又有宋伯颜不花驻守；徐寿辉则攻占了池州。

在占领应天后，将士们的家眷陆续从和州来到应天，家人团聚，皆大欢喜，都为应天的气派和江南的富庶惊叹不已。然而，在众将士们欢欣的时候，只有朱元璋夜不能寐，心事重重。

一次，朱元璋与众人议事，当论及此前的形势时，他认为对自己非常不利，显得非常忧虑。

李善长说："张士诚、徐寿辉虽强，江左、浙右又为各郡所并，元兵各方驻守，看似应天处于劣势，但事情总是有其两面性，劣势的背面往往是优势。"

徐达、汤和却颇不以为然，在他们看来，这些文臣多是磨嘴皮子，又不能上战场，还能把劣势说成优势。

而冯国用听此，颇受启发地说："处在劲敌之中，其实是一种自我保护。东面是张士诚、北面是小明王、西面又是徐寿辉，张士诚、徐寿辉虽是敌人，但这样的形势却割断了元兵主力进攻应天的路途，他们和小明王一起成为应天的三大护卫啊。"

朱元璋一听冯国用的分析，脸上稍稍舒展开来："先生说得好啊，我们就是要用好这个优势，看清这个劣势，从小处发展。"

于是，朱元璋有几天的时间都站在地图面前，东观西望，南察北看，仔细分析了此时的军事形势和各个势力范围的情态，觉得眼下要巩固应天，只有东边的镇江是个缺口，若镇江落在张士诚的手中，那张士诚的势力可以直接进攻应天，而南边是宁国需要收归，否则宁国被徐寿辉吞并，那在背部受敌窥视，也很危险。要巩固应天，守护应天，这是两个必须攻下的据点。

等朱元璋把自己的想法说给冯国用时，冯国用都不得不叹服朱元璋的军事才能以及他敏锐的观察力。

又几经讨论，朱元璋采用了冯国用先取下游镇江的建议。取镇江是朱元璋刚刚安顿在应天不久所做的第一件征地之战，且镇江又是如此重要，所以出兵前，朱元璋以为此仗只可胜不可败，不然的话可能引起张士诚的出击，把局面弄得更糟。

这时，朱元璋还想到一个问题，他虽然相信自己的将士身经百战，勇猛威武，攻城掠地已非难事，但是将士们的家眷刚刚从和州安定在应天，恐怕他们现在无心打仗，还沉浸在家人相聚的温馨中。朱元璋想用一招苦肉计，而这个"割肉"的人，只能是自己最亲近的兄弟，至于这个人选，他已经想好了，那就是徐达。

朱元璋把他的想法谋划好后，就把徐达找来，对他说道："现在的情形只有你最适合带兵出击镇江了，你是老将，在军中有威信，你若舍得家眷，其他人自然也就无话可讲。"

徐达说："说实话，这个时候出兵，兵士们的士气还真的很难鼓舞啊。"

朱元璋笑道："我倒是有个计策，让他们在出兵前个个遵守军纪。不过，就是需要你的帮忙，演一段苦肉计才行，不知你愿不愿意？"

徐达不解道："我能演啥苦肉计，只要能整顿军队，安定人心，有什么不乐意的。我们都是出生入死，这么多年的兄弟了，你就快说吧，别卖关子了。"

朱元璋这才把自己的计策讲给了徐达，徐达点头答应了。

等到了出兵的日子，将士们都整理好武器战马，依依不舍地离别妻子，却不见统领徐达下令出发。将士们正着急间，忽然听说徐达犯了大错，正在应天府受审，可能处以死刑，众人慌忙去看怎么回事。

原来是徐达在当时攻下集庆，清点城内物资的时候，把一个很普通的玉坠藏下未交，打算送给夫人做个纪念。

而徐达的夫人和马秀英在闲话中说到此事，并给马秀英看了那块玉坠，并非名贵物品，徐达夫人也不过是感慨徐达对她的一番情意。而马秀英听了，心中有些不平。朱元璋都做了大元帅了，也没给自己送过礼物，哪怕是再平凡不过的物件，同时，马秀英多了个心眼，前段时间朱元璋得到一个如花似玉、会些武功的女子郭宁莲，她怀疑朱元璋把东西都送给郭宁莲了，就向朱元璋抱怨起来，这才引发徐达私藏物品的公案来。而这一幕看似真实，却是由朱元璋和马夫人杜撰出来的，但又符合生活常理，所以，将士们都信以为真了。

在应天府内，坐着马秀英、郭宁莲、徐达的夫人，还有被捆绑了的徐达、李善长、汤和等人，下面又围观了许多等待出发的将士。

众人只见朱元璋坐在大元帅的位子上，表情严肃，神情痛苦，沉痛道："徐达，你跟随我这么多年，我一直把你当亲兄弟看待，你怎么能犯这种错误呢？可知道我们刚进城就约法三章了，如今别怪大哥不庇护你，军法处置！否则难以面对众多的将士。"徐达的夫人立即啜泣道："求元帅饶他一命，小女子愿代徐达去死，这都是因我而起的。"

朱元璋并不理他，马夫人忙上前道："不过一块小玉坠，且不是什么名贵物品，用得着上军法吗？"

谋归一统

明朝开国奇谋

朱元璋立即大怒道：“你们这些夫人，统统退下，什么是军法？军法就是要严格执行，以明纪律，玉坠虽小，事情却大。我们一再强调不可私自藏物，百姓的归还百姓，我们不是强盗，我们是为百姓打仗，守护百姓的。拿百姓的东西算什么，这和强盗又有什么区别！”

朱元璋立即转过身去，仿佛不忍看徐达，大声喝道：“拉下去，军法处置！”

众人一听，立刻惊呆了，士兵也不敢动徐达，徐达表情绝望地望了望大家，似乎真是要永别了。只见徐达夫人当即目瞪口呆，晕了过去。

李善长和汤和此时站了出来，千说万劝。再三求情，好说歹说，朱元璋才松了口气，让徐达以功赎罪，戴罪立功，给徐达松了绑。当着众人的面，徐达立下诺言，此城不攻下不归。而朱元璋也借机对在场的将士道：“此次出兵，关系重大，若要留下徐将军的性命，你等且要卖力攻城。攻城事小，占城事大，你等切不可擅自抢掠财物，切忌烧房杀人，一旦违反军令，不可将功折罪。”

经历这样一个波折，徐达所带的将士们勇猛杀敌，军纪严明。

镇江元守将定定见义军攻势如此猛烈，率兵力拒，但敌不过徐达一万精兵，战死镇江。而徐达攻破镇江时，严整军纪，再三强调不许扰民，将士们每到一城都被如此要求，且出发前经历了徐达险些丧命的事情，都遵守军令，善待百姓。刚刚经历战争的镇江，竟然像是未曾经过战争，百姓照常生活，原来徐达已经在城内四处张贴告示，告慰军民义军的军纪，请百姓不必惊慌，说他们是来保护百姓的。镇江的百姓，早就听说朱元璋的军队进驻应天的时候，不杀不伤百姓，不抢不夺百姓物资，纪律严明，如今亲身经历，感慨万千，军民相处平安。

凤阳明皇陵

而徐达由于攻打镇江而升任统军元帅。他在安抚地方百姓、督促他们进行农业耕作的同时，仍然攻下了金坛、丹阳等地，巩固了这个位居最东边的前沿阵地，防止张士诚的西侵。

朱元璋觉得镇江离应天如此近，安顿了镇江也就为守卫应天做了铺垫，亲往镇江安民。到了镇江后，朱元璋先拜谒孔庙，以显示自己尊儒爱民，行仁义，同时在镇江召集军民，宣告爱民、护民的思想，且重用镇江的儒士，让这些读书人劝告当地百姓拥护士兵，勤恳务农，发展经济。朱元璋亲行镇江，不仅稳定了军心，更重要的是稳定了百姓的心，徐达因为此次立下大功而被免除军法。

就在这一年七月份，朱元璋在应天自称吴国公，设立了自己的行政机构及军事管理机构江南行枢密院，任命徐达为同佥枢密院事。徐达身为江南行枢密院同佥、镇江统军之帅，在抵御了张士诚的多次进攻后，乘胜进围常州。

但是，常州守敌死守城池，不肯出降，加上城内兵粮充足，徐达等攻打不下。朱元璋为示公允，即依军法降了徐达及其属下一级官职，并写信责备徐达。徐达由于久攻常州不得而受到朱元璋的指责，还要应付张士诚军的一次次反扑。但徐达沉着指挥部队作战，并没因受这些困扰而有所贻误，使张军的企图难以得逞。同时，在城外三十里外驻扎的常遇春、廖永安、胡大海等率部前来增援，内外呼应，张军大败，生擒敌将张德。残敌溃逃奔入城内。见常州危急，张士诚便派了手下悍将吕珍夜间潜入城内，加强防守能力。徐达督军轮番猛攻，吕珍眼看士气低落，支撑不了，便弃常州而逃。到至正十七年（1357年）三月，终于胜利地打完了长达半年之久的常州攻坚战。朱元璋在常州设立枢密院，由徐达担任佥枢密院事，汤和担任枢密院同佥，统兵镇守该城。

紧接着，徐达乘胜进攻宁国，俘获十万余降兵，战马二千匹，然后又出师宜兴、常熟、江阴马驮沙（今江苏靖江）等地，朱元璋尽据了宜兴的靖江一线地区。

朱元璋通过两年多的征战，已经逐渐稳固了以应天为中心的江南政权，大体控制了今江苏、安徽南部和浙江西北部地区。

攻守兼备，占据浙东

攻下镇江后，朱元璋把应天附近的小据点差不多都攻下了，应天这个大后方得到初步的巩固，朱元璋把军事进攻的矛头指向土地肥沃、盛产粮食丝绸的浙江一带。

但是，朱元璋清醒地知道，直取浙东必然会遭到张士诚等人的反击，甚至可能会引火烧身。于是，朱元璋就找来李善长，跟他谈论起下一步的发展战略。

李善长说："此时，应天附近的据点刚刚攻下，再打浙江，恐怕行动太大，必遭反击。善长以为，若谋浙东，可先取徽州。如今元兵主力放在了小明王和张士诚那边，徽州地方兵力薄弱，此时出击可轻易取下，再从徽州附近逐步进攻浙东。"

朱元璋略作沉思道："徽州这块宝地，我一直在想何时攻下，先生所言很有道理，但仍需三思。"

接着，朱元璋又和文臣武将们商讨很久，决定命胡大海攻取绩溪、宣城，不久即破。朱元璋又督师攻破宁国路，由徽州进取建德路，改为严州府，又命邓愈和李文忠坐镇把守，且常熟、扬州都已攻下，青衣军张明鉴也投降了。这样，朱元璋此前的部队就向东到了浦江，婺州被侧面包围起来。

对朱元璋来说，得到徽州不仅是土地上的收获，更重要的是得到大儒朱升的九字箴言，还有儒士唐仲实的建议。朱升的建议是针对天下形势和长远之计而言，唐仲实的建议则从实际出发，为朱元璋发展军事实力，攻打浙东，提供了深厚的基础。朱元璋从宁国经过徽州时，拜访唐仲实，问他："汉高祖、光武帝、唐太宗、宋太祖、元世祖都统一了全国，先生对我有何建议呢？"唐仲实说："这些皇帝所到之地，不乱杀无辜。如今，大帅的军队纪律好，民心安定，是你的优势，但是百姓虽对你的军队放心，却对发展生产心存疑虑，乱世之中百姓的心理和经济负担太重。"这一席话提醒了朱元璋，遂命令军队自己动手生产，兴修水利，减轻农民负担，因而兵强粮足。

元至正十八年（1358年）年底，徽州地区和皖南地区都安定下来，军民生产劲头十足，朱元璋认为是进攻婺州的时候了。因为这一年，朱元璋看着自己的邻居忙着自己发展，无暇顾及自己。先看徐寿辉，四月的时候，他让陈友谅、赵普胜向外征地，攻陷了池州和龙兴路，内部纷争不断；而五月北方刘福通破了汴梁，大宋政权迁都汴梁后，北方红巾军势力发展到了顶峰，至七月，元军开始大举反攻小明王的大宋政权，八月汴梁即破，眼下大宋中路军攻破元上都开平，后转略辽阳，进入高丽，元兵重在北方；浙江的张士诚对朱元璋的小打小闹一直未放在心上，且当时朱元璋帮助破了六合的元兵，张士诚以为朱元璋只要不侵犯自己的势力，他也就是睁一只眼，闭一只眼。

而此时的朱元璋却认为，寒冬腊月，大家都忙着收兵过年，此时出击婺州，必胜无疑。他即派胡大海领兵攻婺州，然而攻了近十天，婺州还是未能攻下。

朱元璋在应天心急如焚，他向李善长、冯国用道："看来此战须我亲自挂帅了。"

李善长和冯国用都认为，不必急取，大帅亲自挂帅虽能鼓舞士气，但如今应是发展大局的时候，大帅不应为一城池亲自上阵。

但是，朱元璋却执意前往，在他看来，婺州不破，在浙江的发展即受阻，且这一仗眼看到了年关，将士们难免思家。十二月下旬，朱元璋亲率十万大军，前往婺州。

朱元璋到了婺州，并未打算长久战，这样的时刻不易长久围守，他认为胡大海已经打了数日，想必城内守军也已有倦态，但还是先用重兵把婺州城紧紧围住，给城内的人造成笼中之鸟的阵势。同时分兵把守婺州可能来援兵的各个路口，当元兵部队从松溪来援助的时候，朱元璋对胡大海的养子胡德济说："松溪那边道路狭窄，你且带人绕行至松溪，前后围堵，在松溪至婺州的这段，以石块、木头相阻，力战之。"胡德济带了几千精壮兵马，很快降服了前来援助的元兵。

这边，朱元璋则不急于攻城，他找到居住在当地的同乡儒者王宗显，让他在城内外传递消息。本来王宗显不愿意参与兵家之事，但朱元璋诚恳拜求，且王宗显和朱升是友人，知道朱元璋和朱升来往甚密，不便推辞，就以中立姿态来往城内外。城内人以为王宗显是地方上的儒者，颇有名气，都很敬重，得知援兵被破，城外守兵势重，心中都很惶然。

实际上，王宗显对元兵一直不满，见他们缩在城中，毫无斗志，又各自为政，就告诉朱元璋此时只需攻心，不需攻城。朱元璋采纳了他的建议，多次让王宗显和城中将领会谈，并单身入城谈判。城中守军见朱元璋是不胜不归的决心，且真的死守下去，就如王宗显所言："元朝如今自顾无暇，就是你们战死，守城而死，又能抚慰你们的家人多少银两？如今天下大乱，元朝气数已尽，早知者早得势。"

一时间，城内人心更为纷乱，朱元璋从城内出来的第二天，城内的守将就打开城门迎降。从朱元璋率兵来围攻到守兵投降，前后不过一周。

朱元璋得到婺州后，依然施行怀柔政策，安抚百姓，散粮济民，严禁军士掠夺。朱元璋得知一个姓黄的侍卫抢了百姓的财物，不听任何辩解，当即斩首示众，城中百姓见朱元璋的军队纪律严明，施行仁义，很快安定下来。

朱元璋听王宗显说，婺州是两百多年来的理学中心，出了很多大学者，但是连年的征战，学校关门，儒生四逃，学术被荒废了。朱元璋向来爱才，听王宗显如此痛心疾首的陈述，朱元璋就发布公告，召集当地学者归聚，重建学堂，设立文职。攻下婺州是朱元璋向浙东发展的第二步（第一步是攻下徽州地区），遂在婺州设置中书分省，大力宣传恢复大宋江山的思想。

朱元璋在浙东有了婺州做根据地后，又开始实施向浙东发展的第三步。

婺州之事稍作安排就到农历年，农历年刚过就到了元至正十九年（1359年）的正月，朱元璋的目光放在婺州附近的诸暨和处州。

至于再出兵攻伐，并不是所有的人都赞成，而且派谁出兵也是个难题。

思量再三，朱元璋决定再派胡大海，因前次胡大海攻婺州未破，虽无过失，但此次派他带兵，他理应无所怨言，且朱元璋已经让胡大海的养子胡德济镇守婺州，随时可以派出援兵。朱元璋心里也清楚，在严州的管治上，胡大海和他的义子李文忠有矛盾。朱元璋的处理给足了胡大海面子，胡大海又是一个忠心尽责之人，带兵打仗所到之城，严格要求自己和军士，他的"三不"是军中闻名："不杀人，不掠妇女，不焚毁庐舍。"而浙江多名士，胡大海又喜欢结交士人，朱元璋听闻浙中四杰名闻江南，早有拜求之意。综合考量，朱元璋觉得胡大海是出击诸暨的最佳人选。

于是，朱元璋派胡大海率精兵二万出兵诸暨，诸暨不久即被攻克，朱元璋重赏胡大海，决定暂不克地，致力于军队和城池的管理，以守为攻。到三月，朱元璋下令赦免大逆以下罪囚，受到军士赞赏。到了九月份，军士休养得差不多了，朱元璋即派常遇春前去攻打衢州，常遇春猛攻即下。为继续在浙东发展，朱元璋觉得北方作为大后方还是要稳定住，眼看小明王和刘福通被元兵打得连连败退，而现在浙东形势一片大好，不能让后方有所破败，就派使者和元将察罕帖木儿通好，约定互不侵犯，且透露乞降之意。这当然不是朱元璋的真意，不过是权宜之计。

这一切都安定下来，朱元璋当初攻下婺州的目标还有一个没有拿下——处州。

为此，朱元璋再次找到胡大海："处州是浙江发展的重镇，如今能克处州的非你莫属啊。"

朱元璋见胡大海有些犹豫，又说："你的家人都在婺州城中，诸暨也是你攻下的，这附近的城池只有你最熟悉，带兵打仗你又最有经验。"

经朱元璋这么一说，胡大海已没有什么理由可寻，本来帅命将从，只是他担心自己的部下会有反战情绪，从去年腊月到现在都没停息过。

朱元璋安慰胡大海说，攻下处州，有功之人定重赏，且让胡大海带兵驻守诸暨、处州、婺州地区，休养生息，发展当地的经济，并让胡大海将这些话转告军士，鼓舞士气。

元至正十九年（1359年）十月，胡大海和耿炳文率兵出击处州。但是，正在胡大海在前方作战的时候，婺州却出现了让胡大海悲痛欲绝之事。

原来，军队驻守婺州之后，朱元璋再三申明兵士禁酒的军令。他主要是因为担心江南的美酒和美女会一起影响军心，因此所到之地，严禁酿酒喝酒，他自己就首先做了表率。而胡大海的儿子，有一天心情低落，城中诸多酒馆艳楼望而却步，不敢进，又无藏酒，郁闷之怀难以疏散。

后来，胡大海的儿子就想了个办法，用军队的军粮自己酿酒，不就是让粮食发酵吗？他知道这不是难事，走访询问当地民家之后，他就开始了自己的酿酒工程。不料酒还未酿成，朱元璋在清查军粮的时候，发现有人盗粮，查出是胡大海之子，待明白他偷粮是为酿酒后，朱元璋更是愤怒到了极点。

朱元璋吩咐道："像这样的兵士，只能坏了军规，无论他的父亲是谁，拉出去斩首示众，以严军威。"

此时，跟在朱元璋身旁的冯国胜道："大帅，恐怕此时不宜杀他。胡将军正在前方打仗，若杀了他的儿子，恐怕将心不平啊。"

朱元璋厉声道："我宁愿胡大海叛军，也不能姑息他的儿子犯罪。"

后来，胡大海得知此事，虽然心痛，但不得不佩服朱元璋的魄力，只好忍痛更加坚定地为朱元璋作战。因为他知道，若不如此他死得会更难堪，这些年的征战，他已经知道朱元璋是什么样的大帅。半月后，胡大海和耿炳文攻下处州。

只不过是一年的时间，朱元璋从徽州出发，时而以攻为守，时而以守为攻，浙东战线基本成形，这是他在江南崛起的标志，而东南一带的元军据点也逐渐被朱元璋消灭。如此一来，朱元璋的领土和他的强敌直接接壤了，他东北面的邻居是张士诚，西面邻着陈友谅，东南则是方国珍，南方为陈友定。为此，新的军事局面形成了，此时，雄才大略的朱元璋也有了新的军事战略和征战策略。

争取主动，以弱胜强

正当朱元璋在浙东攻城掠地、忙得不亦乐乎的时候，他附近的天

完国却正在进行政变：陈友谅计杀倪文俊，夺了军权，且向东侵占了安庆、池州、南昌等地，到元至正二十年（1360年），徐寿辉在陈友谅的挟持下进攻朱元璋，并在六月攻克朱元璋的采石，之后陈友谅谋害了徐寿辉，陈友谅另起炉灶成为新的国王。

陈友谅是何许人也？陈友谅本姓谢，只因祖父入赘陈家，才姓了陈。陈家是打渔的，生活十分困苦。一天，一个算命的经过他家祖坟，说了句这家能出贵人。陈友谅听了，心里很是高兴，也让他觉得自己定不会庸碌一生。

与其他参与起义的人不太一样的是，陈友谅起义前是元朝的一个小官吏。"尝为县小吏，非其好也。"（《明史》）因为这份工作不称心，在徐寿辉的起义军经过沔阳时，陈友谅索性反了，入伙徐寿辉，与自己待过的朝廷成了敌人。

实际上，陈友谅已算是通过读书改变了命运：他进入了统治集团，虽然只是一个小吏，但毕竟与平民不同——这样说来，他和元统治者应该没有什么深仇大恨。但他仍然义无反顾地反了，并且在所有的起义军将领中，他是唯一一个坚持从头反到尾的。这样看来，他造反的动机只有一个，那就是改变自己低下的地位，成为受万人敬仰的人上人。

由此可见，陈友谅不是一个安分守己的人，他有自己的目的，谁阻碍了他的脚步，他就会毫不犹豫地除之而后快——谁都不例外。

说到这，再介绍一下陈友谅所在军队的领导者——徐寿辉，以及陈友谅曾经的直接上级——倪文俊。

徐寿辉这个人，史书上说他相貌奇伟，是个美男子，但真本事却没多少，能当上领导者全凭一副好相貌。可他的丞相倪文俊就不一样，此人博古通今，文武双全，因此十分瞧不上徐寿辉，本打算杀掉徐寿辉，自己称王。然而倪文俊的计谋没有得逞，他只得准备勾结陈友谅。

刚参加起义军时，陈友谅在倪文俊手下当差，任一个小小的簿书掾。后来，因为有战功，陈友谅被倪文俊提拔成军中的重要将领。应该说，倪文俊对陈友谅有知遇之恩。只不过，让倪文俊没有想到的是，陈友谅并不是一个知恩图报的人。

当陈友谅得知倪文俊要谋害徐寿辉的计划后，二话不说，立刻杀了倪文俊，向徐寿辉邀功，又吞并了倪文俊的军队，自立为平章政事。

这时的陈友谅，已是江南最强的起义军首领，自然不再甘心俯首徐寿辉。于是，他走上了与倪文俊相同的道路，只不过，陈友谅比倪文俊聪明得多。因而陈友谅成功了。

徐寿辉身边有被称为"四大金刚"的邹普胜、丁普郎、赵普胜、傅友德。陈友谅深知，要想除掉徐寿辉，必须从他身边的人下手。他的目光渐渐落在了赵普胜身上。

赵普胜这个人，身怀绝技，一对双刀使得出神入化。只不过这个人没什么政治头脑。史载，朱元璋曾派人去到陈友谅军中挑拨离间，说赵普胜有异心。但赵普胜完全没有警觉，还时不时地向陈友谅派来的人夸耀自己的战功。陈友谅城府之深，猜疑之重，无人能出其右。经此一事，陈友谅便找到了除掉赵普胜的借口：有异心。成功除掉赵普胜后，丁普郎和傅友德见势不妙，赶紧投奔朱元璋。徐寿辉身边无人，孤立无援，他的死期也快到了。

当陈友谅攻下龙兴时，徐寿辉要求迁都龙兴，陈不同意，徐寿辉就亲自率兵来到了陈友谅的驻地江州。在江州，陈友谅伏杀了徐寿辉的禁卫军，将徐寿辉软禁。没过多久，陈友谅又攻下太平，徐寿辉再无用处。于是，壮士手中的一把铁锤砸向徐的脑袋，结束了他的生命。

这正是陈友谅于元至正二十年（1360年）在采石矶的江边自立为王的经过，他改国号为汉，年号大义。

实际上，朱元璋的采石被陈友谅攻下之后，他知道是自己正式面对强敌的时候了，他扩展地盘的行动已经惹起周围势力的注意。一系列事件让朱元璋明白，此时的陈友谅在群雄中不仅军力最强，疆土最广，野心也是最大的。

为此，朱元璋非常忧虑地对刘基说："陈友谅是个不择手段的人，进攻采石是他想攻应天的前奏啊，且还趁咱不注意攻下了池州。"

刘基说："这个人最不讲道义，以现在的形势看来，若陈友谅和张士诚联合起来，那应天就很难守卫。"

朱元璋知道这是自己最关键的时候，成者为王，败者为寇。能否取胜，就取决于如何谋划应对现在的战争形势，以及用什么样的军事战略才能击败强敌。

如何面对最强的陈友谅和最富的张士诚这两个邻敌，到底先攻哪一个，朱元璋需要征求文武将士的意见。

有的人主张先攻弱势，把方国珍拿下，实力雄厚了，再对付陈友谅和张士诚。也有将士认为应先攻张士诚，因张士诚虽富有，但兵为并不雄厚，攻下张士诚，那陈友谅就容易拿下。而朱元璋认为这些都不是最好的策略，没有顾及整个江南的形势。

朱元璋和刘基秘密商谈很久，认为目前一定要主动出击，问题就是用什么样的打法。

他们两人一直在两种策略间犹豫，迟迟无法选择。其实两种都是两线作战的方法，只不过方式不同。一种是对陈友谅和张士诚同时作战，把这两个强敌都打下去，兵分两路，主攻陈友谅，张士诚那边以攻为守；另一个方法是，集中主要兵力，先看准两者中谁的弱点最明显，奋力进攻，待胜利后，立即回转对付另一方。朱元璋其实更倾向于同时对付张士诚和陈友谅，但他也知道自己的实力有些危险，更担心张士诚若和陈友谅联合起来同时对付自己，那就更危险了。

为此，朱元璋犹豫不决。

这时，刘基建议说："一直以来和周围的邻居都有大小纷争，但只有陈友谅的野心最可怕。张士诚虽然最富，但他没野心，没野心的人不用怕他。我以为，到了现在，只有争取军事上的主动权，集中力量对付最强的敌人陈友谅。因为陈友谅已经对应天虎视眈眈，打下陈友谅，不仅能自保，而且是取得天下的关键。"

朱元璋觉得刘基的分析很有道理，他点点头说："恐怕若两线作战，胜面较小。而和陈友谅的战争将是一个长久战，没那么快也没那么容易结束。所以，为了确保这一持久战打胜，就必须和周围的邻居修好，让他们不在咱出兵的时候突然袭击，且上游无事，张士诚就势力孤单，容易攻打。"

刘基道："这周围的势力，最让人担心的还是张士诚啊，方国珍是个见风使舵的家伙，前些日子还巴巴地来修好，不难对付。同时，还有一个强大的势力需要防范。"

众人都把目光聚焦到刘基那里，刘基侃侃道："元朝啊。"

朱元璋顿觉头皮都发麻了。是啊，自从刘福通和小明王被元朝赶来赶去，他就失去了北方的天然屏障。若此时全力对付陈友谅，元兵很有可能趁机来攻应天，这样树敌多，就分散了军力，陈友谅的战争只会越拉越长。

朱元璋等众人散去之后，闭目躺在大帅座椅上。年仅三十三岁的朱元璋已早生华发，眼角也堆积了细细的皱纹。朱元璋闭着眼睛，安静地靠在椅背上，看似安详平静，他觉得自己太累了，哪怕一刻钟的休息，对他都是极大的享受。

当朱元璋睁开疲惫的双眼，看见刘基还立在门口。忙说："先生为何不喊一声啊，我并未睡着，只是闭目静心调整情绪。"

刘基道："这个时候怎能睡着啊。我有些话不便当堂言说，想私下和大帅相谈。"

朱元璋说："你是指对付陈友谅这件事吧？"

刘基点点头："周围需要修好的势力太多，方国珍、张士诚应不难沟通，问题是对付元朝，可能大帅很伤脑筋。"

朱元璋笑道："呵呵，先生真是咱的知己啊。咱跟元军除了打仗还是打仗，这修好，真是让咱自觉羞愧。我宁愿战死，也不愿向元朝示弱啊。"

刘基说："气节当是如此，但是大帅如今要以大局为重啊，非常时期用些技巧是不得已而为。我以为可以向元朝送乞降书一封，先让元兵不来攻，全力对付陈友谅。"

朱元璋脸上顿时变了："怎能向元朝乞降呢！"

刘基道："刚才已经说了，这只是技巧而已。群雄之中，哪个不是今日和你好，明日又和你斗！元兵不也是忽而这样，忽而那样，兵家言降，只为计策。"

朱元璋叹口气道："现在也只能这样了，问题是元兵不会怀疑咱是诈降吗？"

刘基道："这个还请大帅放心，我来写这封乞降书，保证元朝不会有所怀疑。"

这时，朱元璋才想起，刘基是元朝的进士，又做过官，由他出面的确是万全之策。

朱元璋向元朝假降的同时，还派人拉拢安抚远方的方国珍，极力向张士诚出示修好之心，对和张士诚有纷争的小地方都愿意拱手相送。这样，朱元璋身边的邻居算是有了暂时的修好之意。

把身边的势力安抚之后，朱元璋、刘基两人在室内密议，商讨出击陈友谅的战策。两个人仔细研究了地形和军力，以为陈友谅水军较多，心气较高，现在最好不要先出击，若能使陈友谅先来攻击，即可造成有利的战机。

朱元璋又说："我的老部将康茂才和陈友谅可是老朋友了，而且茂才的老门房曾经侍奉过陈友谅呢。"

刘基道："这可是有利的资源，知己知彼，才能掌握战争的主动权。"

朱元璋即让康茂才演出了一场盗取情报的假降戏。

朱元璋让康茂才的老门房带了康茂才的亲笔乞降书，偷偷去见陈友谅，信中还告诉陈友谅很多虚假的军事机密，劝说陈友谅兵分三路直接攻取太平，同时说愿意和陈友谅的军队里应外合。很快康茂才就得到陈友谅的回复，陈友谅真的相信了康茂才的投降，因为毕竟有过老交情，又多封书信往来。这下，朱元璋把陈友谅进军的方略和军力的分配方式都弄得一清二楚了。

朱元璋不仅知道了陈友谅的军事机密，并且还向陈友谅发出不少虚假情报，他决定分兵对抗陈友谅。朱元璋决定先直捣陈友谅的后路，让胡大海带军去攻信州（今江西上饶），同时按照陈友谅预定的进军路线，沿路设下重兵埋伏突袭。另一方面，朱元璋还故意修改了陈友谅和康茂才约定的秘密暗号，本来康茂才和陈友谅约定在应天附近的石桥接头，而朱元璋就连夜把江东的一座大桥改名为石桥。部署好这一切，朱元璋又亲自在龙庐山山顶指挥。

正当陈友谅率领重兵赶到江东的一座大桥的时候，看是石桥，心生疑虑，大喊康茂才，见无人应答，知道自己上当了，心中顿时又慌乱又气愤。将士们见中了朱元璋的计了，锐气大减。正在陈友谅思虑如何应对骗局的时候，龙庐山上黄色的旗帜飞扬，那是朱元璋在示意兵士出动的暗号。而早早埋伏在附近的士兵们，敲响战鼓，从山上、水路、陆地列阵而出，把陈友谅的兵士团团围住。被动的陈友谅毫无还击之力，主力部队被全部歼灭，死伤数众，且还有两万多人被俘虏。更为不幸的是，这个时候正逢退潮，陈友谅的水军船只全部搁浅，动弹不得，全都被朱元璋俘获。

这一下，陈友谅在太平败得非常惨，不仅丢了精锐之师，还丢了一半水兵，他心里的气愤是可以想象的。刚刚成为皇帝不久的陈友谅，如雄狮一样野心暴涨，而这一次竟然败在自己一向看不上眼的朱元璋手里，又是被骗局所败，心中非常不服气，他预计着更大的袭击——攻下应天。陈友谅为了这个复仇也为了自己的野心，不得不动动脑子，气愤的他去找张士诚，想和最富有的张士诚联合起来对付朱元璋。但是，张士诚只想自保，不想出击，且他知道陈友谅在太平败得很惨，更不愿和这个不讲信义的人联合。

陈友谅在太平的失利，为朱元璋进一步发展提供了战机，首先是以弱胜强，朱元璋的军士们都被胜利的喜悦振奋着，同时朱元璋还得到了陈友谅的水军战船，节省了以后备战的物资，最重要的是陈友谅的失利干扰了联合张士诚的可能。如此一来，朱元璋就不用担心多线作战，兵力分散，更为他的下一步发展打下了坚实的基础。

溯江西伐，大败友谅

———— ❧ ————

一向趾高气昂的陈友谅在太平被朱元璋打败后，怒火中烧，暴跳如雷。但也让他重新认识了朱元璋，这个对手居然能以弱胜强，看来朱元璋并不是一个省油的灯。为此，陈友谅认为，朱元璋将成为自己称王称霸道路上的最大阻碍，而张士诚则不足为虑，此人根本成不了大事。另外，元朝早已岌岌可危，灭亡只不过是时间问题而已。所以，他陈友谅的对手目前只有一个，也是唯一的一个——朱元璋。于是，他决意先做调整，再次出兵，这一次陈友谅派兵一举攻下安庆，时间是元至正二十一年（1361年）的七月，朱元璋刚被小明王封为"吴国公"不久。

对朱元璋来说，安庆具有重要的战略意义，陈友谅攻安庆是明显的挑战。朱元璋看着安庆失守，心中的愤怒不会比陈友谅败走太平少，愤怒的朱元璋立即召集文武将士，商讨对策。

朱元璋说："陈友谅的野心并未因太平一战而消失，反而愈加猖狂了，如今安庆已经失守，陈友谅的下一个目标就是应天啊。"

猛将常遇春道："陈友谅欺人太甚，不断惹起事端，末将以为上次趁他败走的时候，就应攻下他的老巢。"

而李善长以为，陈友谅不是容易对付的人，和他的战争才刚刚开始，要作长久的打算。

这次会议商讨了很久，朱元璋决定不可再忍耐，也不可再小打小闹了。这次必须全力出击，溯江西伐，和陈友谅一决雌雄。而此时，陈友谅也早就有决战朱元璋的野心，所以朱元璋和陈友谅的这一战可谓是阵容强大，对双方的发展来说都是决定生死存亡的关键时刻。

朱元璋既然决定溯江西伐，就得造些声势。他知道陈友谅杀了倪文俊，又杀了徐寿辉，引起很多人的不满，同时徐寿辉的部下对他更是反感。朱元璋就造了一艘巨大的船只，在船上竖了一面大旗，旗上写着"吊民伐罪，纳顺招降"八个大字，老远就能看到。陈友谅得知这一信息后，心中更为愤怒，认为朱元璋为人太猖狂，有何德何能可以"伐罪"自己，决心与朱元璋斗个你输我赢。

这一次，朱元璋出击的第一个目标是先将失守的安庆收复。因为朱元璋得到情报说，陈友谅对自己的举动异常不满，已经举兵东下，安庆守兵较弱，朱元璋不费力气收复了安庆。而收复安庆如此顺利，还有另外一个原因，就是朱元璋拉拢了对陈友谅不满的一员大将张志雄。这个人本是天完国核心人物赵普胜的心腹，而赵普胜已经被朱元璋用离间计陷害，不知情的人都以为是陈友谅杀害了赵普胜。其实，应该说陈友谅杀赵普胜是早晚之事，但朱元璋从中起了推动作用，却又不为人知。所以，张志雄就对陈友谅非常不满，这一点朱元璋当然心知肚明，所以在两兵相较的时候，就用了些攻心术，把张志雄拉拢过来了。

朱元璋把安庆收归以后，又派胡大海力克信州（今江西上饶），同时朱元璋亲自统兵，一举攻下江州。其间，陈友谅的守将丁普郎、傅友德全军归降朱元璋。陈友谅称帝的时候迁都江州，江州被攻下，陈友谅只能兵败逃走，到了武昌。而朱元璋又下令乘胜出击江西和湖北，南康、蕲州、黄州（今湖北黄冈）、黄梅、广济、兴国等地守军皆投降朱元璋，各城相继归顺。这样，朱元璋的领土在江西和湖北不断扩大，而陈友谅连连失利，曾经的强大在和朱元璋的斗争中日益缩小。

但是，当朱元璋和陈友谅正在血拼的时候，江北的军事形势发生了巨大的变化，这一变化对朱元璋非常不利。北方的小明王和刘福通在和元兵作战的过程中接连失利，而元朝大将察罕帖木儿已经平定了山东各地，小明王退守安丰，很多红巾军的将领都已经被招降，眼看安丰危急。张士诚也向小明王和刘福通发动了进攻，为什么张士诚不趁朱元璋进攻陈友谅的时候进攻应天，反而向小明王出兵呢？原来张士诚和元朝也是关系暧昧，毕竟和朱元璋有协定，所以就应元朝之邀，出兵进攻小明王。

正当朱元璋在和陈友谅决战时，收到小明王求救的信息。

到底是救还是不救？朱元璋和他的文武将士都陷入了沉思和忧虑之中。

157

在这个节骨眼儿上，眼看陈友谅就要被打败，若此时分兵北上，势必给陈友谅一个绝好的反击机会。

然而，朱元璋也有他的打算，他认为这些年能在江南发展，是因为小明王在北方和元兵作战，给自己一个天然保护，但若此时安丰失守，自己就成为元朝的直接攻击对象，且无论如何自己现在还打着小明王的旗号，所以朱元璋主张救小明王。

关于朱元璋的主张，向来反驳者较少。

但此时刘基却极力劝阻，他恳切陈词道："如今大兵不能轻易向北出动啊，万一此时陈友谅乘虚反攻，且不说刚刚拉起的有利战线毁于一旦，就连退路都被切断了。再说，就是主公救下小明王，如何处置他呢？他对红巾军，对主公如今又有何作用呢？一直以来小明王也不过是刘福通的傀儡，这一点大家都清楚的。"

至于刘基的反对意见，不能不让朱元璋三思，但思虑之后，朱元璋认为陈友谅现在败退武昌，反击应不会太严重，且安丰失守，应天就没了天然屏障，于是一心要出兵安丰。

刘基再三劝阻，也无法改变朱元璋的意见，这也许就是朱元璋的霸气和顽固所在吧。

朱元璋亲自统兵援救安丰。然而，朱元璋和他的大军还未到达安丰，刘福通已经被杀，朱元璋率兵力战，终于击败了张士诚和元军所派军队。刘福通的死对朱元璋来说是件好事，所以他很爽快地救下小明王，把小明王安置到滁州，还在滁州为他造了一座华美的宫殿，而宫殿中的侍宦都是朱元璋手下的士兵。明白人都知道，这是朱元璋把小明王关押在此了，表面上还赢得了尊奉君主的美誉。

的确，安丰是保住了，小明王也救出来了，更严重的问题就是刘基所预料的情形：朱元璋出兵援救安丰的时候，陈友谅乘虚反攻，以重兵把洪都重重包围起来，还占领了吉安、临江。

陈友谅这次围攻洪都，算是倾其所有了。他制造了上百艘在当时看来硕大的战船，这些船只上下三层，高有数丈，每一层的容量大到都设有走马棚，下面还有板房，光橹就有几十支，都用红色的漆漆上。大的船只都能容纳三千人，就是小的也能容纳两千人。看着这一批气势恢弘的战船，陈友谅心中十分得意，自以为胜券在握，发动六十万大军前来围攻洪都。

而朱元璋在洪都的守将是年轻的朱文正，朱文正在众将的眼中不过是喜欢吃喝玩乐的公子哥，毫无大战经验。朱元璋得知信息后着实捏了一把汗，所有的人也都担心起洪都的安危来，洪都若失守，那下一个大

谋归一统

明朝开国奇谋

战的地方就是应天。

李善长对朱元璋说："陈友谅造了如此大的声势，六十万人，就是如今派援兵，援兵也难以破围啊，最大的希望就是朱文正。若朱文正能守住洪都，那是最好的解决方式。"

朱元璋心中却在暗自苦笑，虽然他从未看低过这个侄子，但就是自己也从未在如此危急的情况下，面对如此强大的重兵。

而朱元璋就是朱元璋，在这危急的时刻，他依然镇定自若，派人通过秘密渠道通知朱文正誓死也要守住洪都，并在密信中点拨朱文正此时不能力胜只能智胜，是将平时的兵法理论用到现实中的时候。朱文正这个年轻气盛的守将，不愧是朱元璋的亲侄子，大敌当前，镇定自若，显示出他的军事能力。尽管城中可以调遣的军士不足，朱文正还是调配得当，而城中寥寥数将都是非常有经验的老将，朱文正就因人施用，用尽方法防御出击。

洪都一战，一直打了八十五天，城墙都不知道被攻破了多少次，陈友谅的兵士也不知从缺口处涌进城中多少次，而年轻的朱文正硬是用他坚强和出色的军事才能，且战且守，在激烈的战斗中守住了洪都。其实在洪都战役打到第五十天的时候，朱元璋已经非常乐观，他看到朱文正能坚持这么久，悬着的心就放下了，也更加相信这一战必胜无疑。到了这年的七月，眼看两方军队都已疲惫不堪，朱元璋认为是派兵相援助的时候了，就亲自统领二十万大军前来洪都援救。

陈友谅见朱元璋来援助朱文正，经过这八十多天的激战，他的将士们已经心力交瘁，就掉过头来向鄱阳湖地区撤退。

朱元璋正打得兴酣，当然不会放过陈友谅。在朱元璋看来，决战陈友谅的最佳时机到了，而鄱阳湖就是这次决战的战场。

尽管陈友谅在洪都失利，但他的水军无论在形式上还是实力上都显然强过朱元璋。但朱元璋的优越的军事分析才能就是辩证地分析问题，他认为自己的弱势也是自己的优点，这个优点会在恰当的时候给陈友谅致命的打击。朱元璋认为：陈友谅的战船之大，已经超过了他的想象范围，这不是一支水军，这是一群怪物。恐怕朱麾下的战船还没开到敌军船下，就已被对方战船带起的水浪掀翻了。就算能侥幸靠近战船，也占不到什么便宜，敌船上包裹的铁甲抵挡住一切箭矢的攻击。这不是打仗，是去送死。

但朱元璋并没有被眼前的场景吓住，他仔细分析了局势，提出了自己的看法。朱元璋告诉自己的部下："彼巨舟，首尾连接不利进退，可破也。"（《明实录·太祖实录》）陈友谅的船虽然大，但大有大的缺点，那就是行动不灵活。朱元璋的军船虽然小，但在水面上能随机应变，机动性强，所以，破敌还是有希望的。

于是，朱元璋在决战开始前，就开始紧密地部署。他派出几千伏兵，封锁了鄱阳湖到长江的出口，这样陈友谅就没了归路，也无出路，只能在水中作战。而自负的陈友谅不以为然，他看着朱元璋的船小兵弱，再望望自己高大威严的战舰由铁索连成水中陆地，不怕风浪，心中窃喜。

而朱元璋聪明的地方是他注重人，他知道人是战争的关键，武器是辅助的工具，而陈友谅恰相反，太过于依赖武器。本来陈友谅的兵士在洪都苦战三月，已经疲惫不堪，而洪都久围不下，士气低落。而朱元璋带领的援兵士气正高，且朱元璋又时时不忘鼓舞将士："朱文正以如此弱小的兵力，可以守城三月，拒六十万大兵于城外，咱们二十万兵士，难道还打不过陈友谅的残兵败将？咱不怕他的船高人多，咱要的是勇气和策略。"说到策略，朱元璋跟将士们分析道："陈友谅的巨舰有巨舰的优势，但他的船只铁索相连，虽不怕风浪，但行动不便啊，不够灵活，进退难行。火烧赤壁大家都知道吧，说不定啊，咱就再上演一次。"说得将士们都开心地笑起来，对战争毫无恐惧，反而对决战陈友谅充满了信心。

朱元璋抓住陈友谅过于依赖战舰的弱点，制定了详细的作战计划，而他的主要战术则是火攻，准备待以时机，用火铳、铁炮等大量火器攻击陈友谅的大船。朱元璋的水军人数虽少，但训练有素，纪律严明，分为十队，每队都配备了充足的火器和火药。同时，朱元璋又规定了清晰的指挥信号，白天是旗帜，夜晚是灯笼，远方的鸣炮，近处的击鼓，整个军队行动划一。在数次互相攻击中，双方都死伤不少，朱元璋在几次苦战之后，独自思忖，自古以来的水战都得顺天时占地利，方能取胜。他不时想到诸葛亮借东风，火攻曹营的胜战。问题是，如今，陈友谅处于上游，想要智胜没那么容易，火攻的方式不能改变。既然地利没了，朱元璋更加注重人的因素，他深知天时不如地利，地利不如人和，同时也在等待最佳的时机，比如有利的风向。

果然，决定朱元璋命运的时刻终于等到了，那是双方相持到第三十天的时候，朱元璋正在苦苦思索下一步作战策略，忽见东北风起，朱元璋立即命令各军备战，火船先行顺风而发。这几艘火船并非一般的火船，而是朱元璋的敢死队，敢死队先借着风势冲进敌阵，以誓死同归的勇气向陈友谅的大船撞去，同时点燃数只随行的船只，这些船只装满了火药和芦苇，一时间，熊熊烈火借着风势，越烧越烈，而陈友谅的船只被铁索连着，无法分开，顿时都惹火上身，无法熄灭逃走。朱元璋则借着这个机会发起了总攻。只见密密的火箭、火铳向陈友谅的

161

第四章 奇计百出，并吞八方

船只射来，而陈友谅的数条大船丝毫动弹不得，成为水中的火海。陈友谅也中箭身亡，一代枭雄，就此陨灭。

陈友谅死了，他的结义兄弟张定边拼死将陈友谅的尸体和陈的儿子陈理带出重围，并拥立陈理为帝。但是，陈理这个皇帝没有做多久，朱元璋就兵临城下。张定边无奈，只好带着陈理投降。自此之后，汉国不复存在，陈友谅一生的心血，付诸东流。

至此，规模巨大的水战终于落幕了，朱元璋除掉了一个强劲的对手。两兵相持苦战三十六天，朱元璋以火攻大败强大的陈友谅。朱元璋消灭了最有威胁的敌人，而决战陈友谅的成功，也成为朱元璋建立帝业最关键的一步。朱元璋接下来要面对的，是他在与元朝政府决战之前的最后一个障碍——张士诚，他们的对决马上就要开始了。

步步为营，灭张士诚

在朱元璋争夺最后赢家的宝座中，还有一个"富"敌——张士诚也站到了朱元璋的面前。

张士诚出生于一个"以操舟运盐为业"的人家，生活十分清贫。为了养家糊口，张士诚与他的兄弟一起干起了倒卖私盐的营生。史载："缘私作奸利。颇轻财好施，得群辈心。常鬻盐诸富家，富家多陵侮之，或负其直不酬。"卖私盐给有钱人家，不但常常没有钱赚，反而经常受到侮辱，再加上当时的盐警对商人克扣剥削，日子实在是过不下去了。张士诚一咬牙，加入了造反的行列。

张士诚首先联系了十七名盐民，史称"十八条扁担起义"。他们烧了富人家的房子，把钱财分与众百姓，一时之间，张士诚的义举得到了响应，百姓纷纷加入他的队伍，人数达到上万。张士诚凭借自己的威信，拉起了一支有声有色的队伍。

为此，张的起义军势如破竹，一举攻下了淮东重镇泰州。元政府派重兵镇压，"高邮守李齐谕降之，复叛。杀行省参政赵琏，并陷兴化，结砦德胜湖，有众万余。元以万户告身招之。不受。给杀李齐，袭据高邮"。然面对元朝给予的"万户"官爵，张士诚坚决不受。他在高邮建立政权，国号大周，建元天祐。这一年，是至正十三年（1353年）。

张士诚相比陈友谅，对元朝只有恨意，因此他才能在起义初期坚定地拒绝一切收买和拉拢。但光凭一腔恨意是无法闯天下的，对张士诚来说，高邮将是奠定他卓越战功的宝地。

元朝见收买张士诚不成，便派右丞相脱脱率军攻打高邮。史载："数败士诚，围高邮，隳其外城。"元朝虽然已经腐败不堪，到了悬崖的边上，然百足之虫，死而不僵。对于张士诚来说，这支数倍于自己的军队，极有可能让他的起义道路止步于高邮。然而张士诚不是一个轻言放弃的人，他守在了高邮，也守住了高邮。本来，在元军的轮番猛攻下，外城失守，内城也即将不保，然而就在危难关头，一件令人意想不到的事发生了：元朝内部出现分裂。

元顺帝听信谗言，解除了脱脱的兵权，并削去了他的官爵，另派将领指挥战斗。临阵换将，是兵家大忌，元顺帝不知，他这一举，让风雨飘摇的元朝朝着深渊又前进了一步。

实际上，元朝撤掉脱脱的理由很简单：一个小小的高邮，打了这么久都没攻下，证明你脱脱无能，无能的将领当然要换。可稍微有点军事常识的人都应该知道，围攻城池，其实比的就是对战双方的耐力，谁能坚持到最后，谁就能取胜。无论是哪一方面，脱脱都比张士诚有优势，破城指日可待。但权力斗争中，一句不留心的话都可能成为杀人钢刀，更何况脱脱没有战绩。

对张士诚来说，脱脱的离去是千载难逢的机会，他抓住这转瞬即逝的战机，奋起反击。元军抵挡不住，溃散而去，张士诚守住了高邮，也让自己站稳了脚跟。

高邮一役，让张士诚声名大振。凭着这股气势，张士诚不断扩充自己的力量。至正十六年（1356年）二月，张士诚陷平江，并陷湖州、松江及常州诸路，改平江为隆平府。随后，张士诚励精图治，在他所辖地区，废除苛捐杂税，并颁布政令以利农业发展，并大力发展教育，整治民风。应该说，张士诚这样的起义军首领，在当时是不多见的，打天下也要治天下，这个道理，不是人人都懂的。

在元末诸多起义军中，张士诚可以说是完全凭借自己的奋斗和厮杀打下了属于自己的一方土地。高邮一战，以少胜多，并不是人人都能做到的。相对陈友谅来说，张士诚的确是个好人，但在乱世中，好人如果想活下去，就必须具备常人没有的品质，比如不畏死亡，比如善得民心。从张在其领地实行的政策来看，不得不说，他还是有一点治国的方略的。但在风起云涌的元末，一切都是未知数。张士诚和陈友谅，一正一邪，成为了朱元璋通往天下道路上不可小视的障碍。除掉他们，势必又是一场鏖战。

而现在，"一正一邪"中的"一邪"已经被朱元璋干掉了。现在只剩下张士诚这一个主要的劲敌了。

其实，在张士诚起义的过程中，不断有大批元朝旧臣和义军加入，并得到张士诚的重用。张士诚建立政权后，虽然广揽人才，却不能知人善任。另外，张士诚对待投奔他的文人"不问贤不肖，辄重赠遗，舆马居室，无不充足，士之嗜利者，多往趋之"。张士诚用人无方造成了盐民义军中鱼龙混杂，既有对元朝刻骨仇恨的穷苦百姓，也有投机农民革命的地主知识分子。当看到张士诚战事不利，很多人就纷纷鼓动张士诚投降元朝，张士诚没了主意。

至正十七年（1357年）七月，被朱元璋俘虏的张士德派人偷偷送来书信，劝说大哥张士诚："可降元朝，以为之助"。一个月后，张士诚正式向元朝廷请降，并把隆平府改名平江。已经疲惫不堪的元朝廷大喜，册封张士诚为太尉，义军将领也都得到了相应的封赏。

张士诚投降后，立刻成为元朝廷镇压江南农民起义军的急先锋。他与元朝军队兵合一处，大举进攻朱元璋控制的地区。从至正十八年（1358年）到至正二十三年（1363年）秋，双方在江浙地区进行了大小数十次战斗，始终没有分出胜负。同时，张士诚又趁刘福通和韩林儿的政权三路北伐之机，攻占了苏北和鲁南的大片土地，把自己的势力范围向北扩张到了济宁。投降元朝后，张士诚集团已经从农民军彻底转变成江南地主豪绅的代言人，不仅到处镇压农民军起义，而且大肆追求物质享乐。

张士诚为了满足私欲，在其统治地区加大了对农民的盘剥，比元朝政府有过之而无不及。据元末诗人谢应芳记载，张士诚统治下的昆山地区，"比于前元多增粮额，民以穷困，输官不敷……今催粮里长人等，破家荡产，累遭杖责，监系囹圄，受罪数月，逃亡缢死，不知其数"。由于张士诚政权的腐化变质，刚刚摆脱元朝统治的江浙人民，又陷入到了水深火热之中。

至正二十三年（1363年）陈友谅战死，他的地盘和残军很快都被朱元璋收归肃清。而这个时候北方的元军正在进行内斗，打得不可开交，富有的张士诚不久自立为吴王。随着军事上的节节胜利，朱元璋的地位也不断提高。面对这种情形，朱元璋觉得"缓称王"的策略需要应对新的形势有所改变，他虽然形式上臣属于宋政权，但其独立的野心愈加强烈。至正二十一年（1361年），小明王封朱元璋为吴国公，但宋政权已不再插手他的作战部署和政策措施。他现在"吴国公"的称号已经不能和眼下的政治形势相对应了。早在至正二十年（1360年）陈友谅进攻应天时，朱元璋就采纳了刘基的主张："士诚自守虏，不足虑。友谅劫主胁下，名号不正，地据上游，其心无日忘我，宜先图之。陈氏灭，张氏势孤，一举可定，然后北向中原，王业可成也。"所以从至正二十年以后，朱元璋以西线为攻打重心，直到至正二十三年（1363年）五月，由于张士诚派吕珍进攻安丰，为了救小明王，朱元璋不得不亲率大军北上。陈友谅在情势所逼下，为了挽救败局，孤注一掷，发动了著名的鄱阳湖大战。朱元璋以少胜多，陈友谅战败，最后在至正二十四年（1364年）他所建立的大汉割据政权结束。

这时，张士诚则抓住鄱阳湖大战的时机，要挟元朝政府，至正二十三年（1363年）九月，由于张士诚想自称吴王，而元朝没有批准他的请求。元朝向其要粮，张士诚不给。此后，他与元朝断绝了关系，还试图突破朱元璋在江南地区的防线，曾派谢再兴攻东阳，派李伯升率六十万大军第四次夺诸暨，派张士信攻长兴，都没有成功。至正二十五年（1365年）二月，又派李伯升、谢再兴等五次攻诸暨，结果均遭失败。

朱元璋在同陈友谅的战斗结束之后，在至正二十五年二月，发动了对张士诚的全面进攻。

朱元璋采取了"先取通泰诸郡县，剪其羽翼，然后转取浙西"的策略，先后进行了三个阶段的战争：第一阶段是占领张士诚在苏北、淮河流域的地盘；第二阶段是占领江南地区的城镇，以此来包围平江；第三阶段是围攻平江。

至正二十五年（1365年）十月，朱元璋一面发布文告，指责张士诚，一面令徐达、常遇春、冯国胜、华高等出兵取淮东、泰州等处，到至正二十六年（1366年）四月，泰州、通州、兴化、盐城、高邮、淮安、濠州、徐州、宿州、沛县、邳州、安丰等地先后被攻克，张士诚在苏北和淮水地区的全部占领区也被夺取。

这年五月，当苏北被攻克时，朱元璋又欲进军江南，并发表了《平周檄》。这篇檄文虽仍旧使用"皇帝圣旨"和"龙凤"年号，却是以地主阶级的立场来指责张士诚。文中还大肆攻击污蔑红巾军，这表明朱元璋已公开背叛农民起义，所以对张士诚的战争从性质上讲已是进行统一的战争。

八月，朱元璋令徐达为大将军、常遇春为副将军，率师二十万攻张士诚。到十月，湖州、杭州、绍兴、嘉兴等地被先后攻占，朱军已经形成了对平江的包围圈。张士诚的重要将领吕珍、李伯升、张天骐、潘元明等均投降朱元璋。

十月，向平江围攻。朱元璋命徐达、常遇春、华云龙、汤和、王弼、张温、康茂才、仇成、何文辉等分兵在平江各门、各方驻扎，四周筑长围以困之。又搭建了三层的木塔，监视城中动静，每层施弓弩火铳；还日夜用炮进行炮轰。张士诚先是依仗城坚，死命坚守；到城内粮

第四章　奇计百出，并吞八方

草已尽，城外又没救兵援助时，只好拼命突围，但未成功。朱元璋派人劝降，也遭拒绝。至正二十七年（1367年）九月，城破。

张士诚城破后，把自己关在房间里，想要一死了之，却被曾经的部下解救下来。随后，张士诚被生擒，押往应天。

当朱元璋看到披头散发的张士诚，心中感慨，这也是昔日的英雄啊。同时，张士诚的凄惨样，更激起了朱元璋平定天下为我所有的决心。他明白，人不可无志，只有足够的强韧，彻底消灭了敌人，他朱元璋才能真正的安稳下来。当夜，张士诚趁看管的人不备时，上吊自杀。城破之日，徐达严格约束部下，并立下军令："掠民财者死，毁民居者死，离营二十里者死！"朱元璋的军队纪律严明，秋无毫犯，获得了当地人们的信任。

不久，无锡、常熟也被攻下，张士诚的割据势力被消灭。

除小明王，逼降国珍

朱元璋的实力最强和最富有的敌人都他被消灭了，目前最大的敌人就是元朝，其次才是周围的一些小势力。此时，朱元璋与他的文武将士也都明白，一直被安置在滁州的小明王其实已经成为笼中之鸟，且对朱元璋已经没有任何利用的价值，还存留他的名号实在是没有必要。

朱元璋知道自己多少年来都打着小明王的旗号，扮演忠义之臣的角色，也正是自己的仁义之名赢得了民心，赢得了将士们的忠心。要除掉小明王，只有在暗处行动，让他死于意外，让天下人觉得小明王的死纯属偶然，和自己没有关系。

这个计谋，他当然不能和刘基商量，也不能和李善长说，并且对朱元璋来说就是设计杀个不经事的小明王，无须周折，只要把事情做得圆满漂亮就够了。

朱元璋想了几天，决定光明正大地行动。

这日早议，朱元璋对文武将士说："我虽然在应天也称了吴王了，可咱的主人还是小明王啊。当初称吴王也并无犯上之意，不过是为了给对抗张士诚找点事由，长些气势。如今强敌除掉了，咱认为是去滁州迎接小明王的时候了。"

众人听到要迎小明王，顿时议论起来，尤其是汤和、徐达，他们愤愤地说："东征西战，卖命的是咱们的兄弟，死伤的也是这些兄弟，他小明王有何德何能来应天称王称帝！"

朱元璋立即喝止道："不得无礼，红巾军自起义以来，信奉明教，忠义为名，才赢得如此形势，我认为此时理应前去迎接小明王，以建立大业。"

众人的议论声依然没有停止，在众人都讶异的时候，只有刘基捻须一笑。

朱元璋看在眼里，心中慨叹："刘基果然堪称小诸葛啊，他太聪明了，但愿他这份聪明不要阻挡自己的野心。"

朱元璋起身说："众人且不要再议论，当初徽州大学士朱升奉劝我们'高筑墙，广积粮，缓称王'，这个建议好啊，就是这九字方针，奠定了我们今日的领地城池。明日即去迎接小明王，小明王就是我们应天的君主，各位不要再心存私念。"

次日一早，朱元璋就派大将廖永忠前去滁州迎接小明王。

廖永忠一到滁州，片刻不歇，即让小明王收拾些物品，说是日子已经确定，不得不赶路，否则江中起风太过危险。小明王要带随身侍卫同去，廖永忠就对他说："应天比这滁州好多了，你啥也不用带，就我和你两人火速乘船前去应天，吴王已经为明王安排好一切了。"

廖永忠和小明王两人乘着一艘不大的船，前半路倒也安然无恙，只是小明王觉得有些不安，那廖永忠只顾自己喝酒，问话也爱理不理的。船至瓜洲的时候，已经是黑夜，十二月的夜晚，就是穿了棉衣还是寒意袭人，不喝酒的小明王更是倍觉寒冷，望着茫茫夜色，心中忐忑不安，而船上又只有他和一员大将，不禁担心起自己的安危。

"到瓜洲了。"只听廖永忠望望外面说了句话，就起身去了船头。

回到船舱，两人还是不说话，此时船几乎走不动了，原来是船尾、船头进了很多水，水正涌向船舱。小明王大叫："我不会游泳啊，你还不补船！"

廖永忠也不说话，随即跳向附近的一条渔船走了。

第二天清晨，廖永忠即前去应天府请罪，说行船的时候，不料船撞上暗礁，漏水，恰逢夜黑，无法修补，而小明王不会游泳，天黑夜冷的，自己未能救出小明王，险些丧命，被渔民相救，才回到应天。

朱元璋听此，大怒道："小明王是我们的君主，怎能如此疏忽。廖将军虽屡次立功，但功不抵过，斩首。"

汤和、徐达这些老将出来相劝，朱元璋还是不依。只有刘基知道这是在演戏，便和李善长两人站出来力劝，方才止住。

朱元璋当即决定在应天为小明王设灵堂，向世人宣布小明王的不幸，朱元璋又在小明王的灵堂上演了一出"忠臣哭英主"的戏码。

小明王的死，当然是死而有因。其间的缘故当然也不止朱元璋一个人知道。但小明王死后，朱元璋也就不用龙凤年号了，他成了名副其实的国君，只是还没有正式宣告天下罢了。

朱元璋计杀小明王的同时，还另有策划——逼降据守浙东沿海的方国珍。

方国珍（1319～1374年），又叫谷真，台州黄岩（今浙江黄岩）人，世世代代都以贩盐谋生。至正八年（1348年）春，方国珍被仇家陈氏诬告，方国珍一怒之下杀掉陈氏而被官府追捕，他只好和其兄国璋、弟国瑛、国珉以及其他畏罪潜逃的乡民逃命到海上，聚集数千人谋起反来，不仅打劫漕运粮，还扣留海运官员。元朝廷江浙行省参知政事朵儿只班去镇压，却兵败被俘。方国珍本是欲报私仇起兵，并无反抗元朝统治的意思，因此，被俘获的朵儿只班成了方国珍向元朝伸手要官的一张王牌。当时，方国珍上书朝廷下招降之诏，元顺帝怕海运受阻，下诏授方国珍庆元定海尉，方氏兄弟也都捞了一官半职。方国珍回到家乡后并未解除他的武装，在乡里横行一方，元廷与他之间进行了数次谈判，方国珍凭借自己控制的军队，狮口越张越大。元朝政府一怕影响漕运，二怕他与红巾军相勾结，所以既要羁縻他，又要解除他的武装。

至正十年（1350年）十二月，方国珍再次烧掠沿海州郡。十一年（1351年）二月，元命江浙行省右丞孛罗帖木儿、浙东道宣慰使都元帅泰不华夹击方国珍，孛罗帖木儿反被方国珍俘获。元廷只得又授官予方国珍兄弟。十二年（1352年）三月，方国珍又向元朝挑衅，把泰不华杀掉。十三年（1353年）方国珍派人悄悄进入京师，贿赂权贵，于是元又授其以徽州路治中、方国璋广德路治中、方国瑛礁州路治中，但方国珍并未就此结束他在海上烧杀抢掠的活动。

到至正十五年（1355年）以后，方国珍的表现更猖狂。至正十六年（1356年）三月，他又向元朝投降，被封为海道运粮万户兼防御海道运粮万户，其兄方国璋为衢州路总管兼防御海道事。次年八月，方国珍又被元朝升官做了江浙行省参知政事，且受命去进攻还没有投降的张士诚。双方在昆山大战，方国珍大胜。恰好这时张士诚向元朝廷乞降，两人握手言和了。后来方国珍仍旧占据温州、台州、庆元等地，虽然有的元官很不服气，但元廷必须依靠方国珍，利用他的船只运粮，所以拿他也没有办法。

至正十八年（1358年）年底，朱元璋的军队已经东下衢州、婺州，向在温州、台州、庆元诸路占据的方国珍逼近，朱元璋遣蔡元刚至庆元劝说方国珍投降。方国珍与他的部下商量道："如今元朝将亡，豪杰并起，只有朱元璋号令严明，所向无敌，现在他又攻下婺州，恐怕咱们不能与之对抗，不如暂时表示顺从，藉为声援，先静观形势变化再采取其他措施。"

至正十九年（1359年）正月，方国珍遣使奉书献给朱元璋黄金五十斤、白银百斤和别的礼品。三月，又以温州、台州、庆元三郡之地献给朱元璋，并派去次子作为人质。九月，朱元璋授方国珍为福建等处行中书省平章政事、方国璋为行省右丞、方国瑛为行省参政、方国珉为江南行枢密院签院，并令奉龙凤为正统。但方国珍并无诚意投降朱元璋，虽说他接受了朱元璋的职位，却是心怀鬼胎，待其成败变化。他提出借口，不以"龙凤"纪年，暂且以"至正"作为纪年。

没过多久，方国珍在刘仁本、张本仁等人的怂恿下，在接受朱元璋封职仅有一个月后，就又接受了元朝封他的江浙行省平章政事的官职。并于至正二十年（1360年）开始，到至正二十三年（1363年），方国珍年年为张士诚安排大批海船运送其十余万石粮到元大都，元顺帝非常高兴，封他为江浙行省左丞相赐爵衢国公。方国珍仍旧横行在庆元、温、台一带，但又害怕朱元璋来攻，只好伪装"怕惧谢罪，以金宝饰鞍马献"。

至正二十七年（1367年）四月，朱元璋的军队把湖州、杭州等张士诚统治区攻占下之后又向平江围攻，此时方国珍自知难保，又耍出了新的诡计，他一方面坐山观虎斗，一方面暗地里北通扩廓帖木儿，南交陈友定。朱元璋给他写信，指出他有罪状十二条。七月，朱元璋又责令方国珍贡粮二十三万石，并写信威胁他，方国珍惶恐不已，日夜运珍宝，集海船，准备下海逃跑。

这年九月，朱元璋拿下平江，平定张士诚后，遣军分两路进攻方国珍。参政朱亮祖一路攻台州，方国瑛败逃黄岩；朱亮祖又攻温州，方国珍侄方明善逃走；朱亮祖分兵取瑞安，在乐清打败方明善，追至楚门海口，征南将军汤和一路先取余姚、上虞，进攻庆元，方国珍逃入海中，汤和带兵紧迫至定海、慈溪等县。十一月，朱元璋又令廖永忠率舟师入海，与汤和合击方国珍，方国珍意欲逃出海面，却遇有大风，未遂，于是黔驴技穷，不得不纳款投降。朱元璋终于平定了这方割据势力。

至此，朱元璋不仅彻底摆脱了小明王的统治，又成功地逼降了方国珍，浙江大部分地区都被平定。朱元璋的领地从两湖到河南东南部，从安徽到江西、浙江，又包括汉水下游和长江下游，而这些地区是当时物产最丰、土地最沃、人口最密的地方，为朱元璋打下了坚实的"帝业"基础。他的强敌已被逐渐除去，而他的建国之路也不远了。

抓住时机，灭陈友定

朱元璋在计杀了小明王之后，已经没什么可顾虑了，为此他不再用小明王的龙凤年号，以"吴元年"为自己的新年号，这其实也标志着朱元璋要成为新的帝王。

朱元璋站在地图前，望着南北形势，到底是北上出击元兵，还是向南继续征伐弱小的义军势力？

刘基说："北方在表面上还是元朝的天下，但其内部的情况却很复杂。山东一带是起义军王宣在防守，河南是扩廓帖木儿驻守，关内陇右是李思齐、张良弼等人把守，大同是孛罗帖木儿镇守。而扩廓帖木儿和李、张二将不和，孛罗帖木儿和扩廓帖木儿两人一直是对立的，他们之间一直纷争不断，在打内战。而且此时元廷统治者之间也在争夺政权，互相残杀。"

朱元璋望望南方的形势说："这南边比北方稍显安静，云南是元朝的宗室梁王镇守，福建是陈友定的势力范围，但他仍然效忠元朝，两广也都是元朝的势力范围。"

两人把南北形势做了一下对比，觉得北方元将不和争斗，元廷统治者又内斗争权，其实为向南发展提供了一个良好的战机。此时元朝的将军自顾不暇，当然不愿向南出兵，且南方对朱元璋来说又比向北出击更有地利上的优势。

朱元璋把目光放在南方之后，觉得现在的战略是先攻打南方的哪个军事割据势力。

经过一番分析，朱元璋认为四川的夏国其实国主很年幼，且兵力不强，一直以来群雄纷争，夏国都无动静，此时一定不会有什么野心，而云南在边疆地区，一时半会儿对中部来说没什么威胁，也没什么军事价值，可以不管，所以就把向南的进军目标定在了福建和两广地区。

朱元璋定下进军策略后，就开始进行部署规划。

在多年征战中成长起来的朱元璋，对任何一次进攻和防守都用了百分之百的努力和严谨。虽然决定向南进攻，他还是密切地关注北方的举动，派出了几个探子前去侦查情形。

李善长说："此时进攻福建和两广，当重兵出击。我认为最好派徐达那些老将，福建、两广离应天较远，老将们身经百战，可以随机应对临阵出现的突变。"

自从刘基到了应天，李善长总处于弱势，毕竟他的智略不及刘基，且对江南的军事形势不如刘基熟知，在对军事谋划上刘基也是略胜一筹。当然李善长并不是不明白自己不如刘基的地方，但他气不过的是，刘基这人喜欢显示自己的聪明，有时还仗才欺人，不给自己留面子。所以这次，眼看朱元璋就要成帝业了，李善长作为淮西功臣，当然要在关键时刻再表现一番。

但是，李善长的一番苦心，并未得到朱元璋的青睐，朱元璋也没有采用李善长极力攻取南方的建议。而是把李善长和刘基的分析综合起来，他看得更高，也更远：南方当然是要进攻的，但北方绝不放弃，而同时进军的压力又太大。

第四章　奇计百出，并吞八方

朱元璋思虑很久之后，召来周德兴："周兄，你跟随我们多年，身经百战，按理说，我们也该在应天享受几天清福了。可是眼下，天下局势依然不容乐观啊。"

周德兴知道朱元璋肯定是要委自己以重任，他已知道要出击福建和两广，但还不知道具体的作战计划，立即拱手道："天下未定，德兴万无休养之意，愿为平定天下尽毕生精力，请主公放心。"

朱元璋长叹一声道："你们都是我们的好兄弟啊，跟随我们多年，从未安宁过，平定天下的时候就快到了。"

朱元璋的一番话，引起周德兴许多回忆，那回忆里有儿时相伴的甜美，也有苦苦作战的酸涩，更多的是对朱元璋更加忠心的坚定，因为在他心里，朱元璋虽贵为吴王，但并未忘记兄弟间的情谊。

朱元璋决定把最远的广西交给周德兴去征服，因为广西相对偏远，朱元璋担心万一是年轻的将士出兵，难免会有留下不归的野心，因为在过去的战役中并不是没有投降敌人，或有自立门户之心的将领，所以他派出自己信得过的老将周德兴率兵出征。

这一次，朱元璋是多线同时出动，周德兴出征广西的同时，朱元璋决定由江西直入福建。

相对广西来说，福建让朱元璋放心不下，因为周德兴带兵出击广西的元兵，应该说是胜券在握。而福建的陈友定却没那么好对付。

陈友定，一名有定，字安国，福州福清县（今福建福清）人。徙居清流（今福建清流），出身贫寒。后为富户罗氏之婿，因做买卖赔了本，充当驿卒。至正十二年（1352年），南方红巾军入闽，陈友定在其家乡清流的明溪、曹坊等地，因袭击红巾军有功，被提携做了明溪寨巡检。后汀州府判来募兵，陈友定随元军成功镇压汀州、延平（今福建南平）、建宁、邵武等地起义军，又被升至清流县尹。至正十九年（1359年），陈友定派他的手下康泰等取邵武，攻汀州、延平、将乐（今福建将乐）。至正二十一年（1361年），邓克明取汀州后进攻建宁，结果被陈友定打败，又损失了汀州。陈友定因此被升任福建行省参知政事。至正二十五年（1365年），元置福建行省分省于延平，以陈友定为平章，驻守闽中八郡。由于当时福建远离北方，而且同北方交通不畅，陈友定在福建成了土皇帝，专门负责福建军队的钱粮物资。当张士诚、方国珍停输海运粮后，陈友定从福建运粮数十万石至大都，得到元顺帝的嘉奖。至正二十五年（1365年）二月，陈友定向处州进攻，被朱元璋部下胡琛打败，朱元璋乘胜遣朱亮祖、胡琛、王溥三路追击，在进攻福宁时胡琛中伏被陈友定俘杀，平闽计划未能实现。以后，陈友定又占领兴化（今福建莆田）、泉州（今福建泉州）、漳州（今福建漳州）等路。陈友定长期占据福建，虽无大志，飞扬跋扈，却对元朝尽忠尽责，在福建的根据地也算是比较坚固。

朱元璋在福建的策略是兵分三路，分别是胡廷瑞率领的骑兵从江西出击，作为正兵，以正面攻击，让陈友定误以为这是主力，诱使他派重兵相对；而另一路则从水路，派汤和、廖永忠从明州以水师攻福州，作为奇兵，所谓奇兵是让敌人无法预料，突然袭击；另外还派李文忠从蒲城去攻建宁，这一路视为疑兵，用来分散陈友谅的兵力。

朱元璋把各军部署妥当后，知道这次出击虽然让胡廷瑞所属的骑兵做正兵，但他并未把所有的重托都寄托在胡廷瑞那里，胡廷瑞不过是个幌子，用来诱惑陈友定，真正的主力其实是汤和、李文忠，这样的布局是故意让陈友定不分主次，无以应对。

汤和与廖永忠从海路到了福州后，并未出击，先派使者到延平送招降书给陈友定，顺便打探陈友定的情形，这招降书不过是宣战书而陈友定则当众斩了汤和派去的使者，这使得汤和非常愤怒，立即通告两路将领，看来陈友定是已经做好了备战的准备。且兵探回来报说，陈友定在福州城，环绕城墙设垒筑台多处，并派了勇士相守，福州和延平在军事上构成掎角，互为援助。

得知信息后，汤和、廖永忠猛攻福州，同时李文忠攻建宁，胡廷瑞攻延平，三路齐下。最先被攻下的是福州，陈友定的主力军都在延平，而胡廷瑞则故意边打边绕，不集中攻击。攻下福州后，汤和、廖永忠直奔延平，援助胡廷瑞齐攻陈友定的主力军，陈友定和他的将士誓死守城，城最外围的守将和守兵都被打败了，而最里面的守护非常严实，城门久攻不下，城墙难以穿越。汤和他们一直围攻十天，最后城内的陈友定兵力不足，难以抵抗，城方被破。

此时，陈友定知道，即便自己投降也不会有什么好的结果，强命他的儿子与他一同自杀。汤和他们仅仅花了半个月就攻下陈友定的老巢延平，又用了几个月的工夫整顿接管福建地区的城池和百姓。

而征两广的军事策略，朱元璋也是兵分三路前进。周德兴和杨璟由湖广南攻广西，陆仲亨从韶州直捣德庆，另一路则是平定福建的水师，由汤和、廖永忠率领，从海道直袭广州。

这一次，朱元璋并没有让三路兵士同时出发，而是分时段进行，以减少损失，同时也避免远方作战将士混乱的状态，所谓"将在外，君命有所不受"，而附近都是自己的兵士，并非同时进攻，就容易调度协调，增援进退也都容易指挥。

周德兴所率领的兵士最早出发，从衡州推进广西，先经过血拼占领了永州，又攻下全州，最后攻入桂林地区。这一路兵所遇到的抵抗势力最大，障碍也最多，但周德兴有绝佳的指挥才能，也有极强的适应能力，最后都成功地达到了目的。第一路军初步告捷的时候，朱元璋立即让陆仲亨出兵北江和西江地区（今桂林一带），切断广州和靖江的交通要道，阻止两广之间的援助和后退路线。然后让廖永忠派人向元将领劝降，并把来攻的军事力量夸大数倍，进行威吓，最后江西福建行中书省左丞何真归降。何真一归降，广州和附近的州县不战而下，都顺利收归。

就在两广的大好形势下，朱元璋又让廖永忠派兵沿着西江进入广西，与周德兴会合，同时围攻靖江，靖江很快即被攻破，广西被平定。

可见，朱元璋抓住最好的时机，抢先东征南伐，以他出色的军事部署能力，很快就平定福建，收归两广，扩大了地盘，也充实了军力，为顺利北伐元军打下基础，也为自己霸业的形成做了最好的诠释。

第五章

建国称帝，一统天下

在中国古代王朝中，凡是具有政治野心的人，都有当皇帝的梦想。然而，路总要一步步地走。乱世中，群雄并起，如果先称帝，就容易陷入众矢之的。但是，如果能够时刻保持清醒的头脑，稳妥地前行，实力一定会增得很快的。朱元璋就深谙这一点，随着自己疆土的不断扩大和机构的健全，他的实力更加稳固。朱元璋的谋略是高明的：他能够始终不争功名，等自己扫平政敌之后，自然就实至名归了。这时候，再称帝，一统天下，就如同探囊取物了。

攻破元都，建国称帝

实际上，朱元璋在江南不断攻地的同时，始终注视着北方元廷的情况。早在与张士诚的战争还没有结束时，至正二十七年（1367年）正月，他便以扩廓贴木儿扣留自己的使者为借口，发出了北伐的警告。此后，双方在徐州一带小有冲突，他看出元方上疑下叛，将帅嫌隙，元朝灭亡时日已到，遂在这年十月率部北伐。

朱元璋在战败了陈友谅、张士诚、陈友定之后，领有湖南、湖北、安徽、江西、浙江、江苏等地盘，这些地方都是国内最富庶的，他兵多将广，钱多粮多，成为国内最大的一支地方势力。虽然南方还有一些不听调遣和他唱反调的军阀，北方还有所谓正统的元朝，但显然已经没有什么力量可以阻挡他统一全国的步伐了。

为此，朱元璋决定挥军北上，尽早将元朝推翻。于是，朱元璋集合诸将讨论北方局势，然后问道："现命诸公北伐，诸公有何计策？"猛将常遇春答道："用我们强大的百战之师直接攻入元都，可速战速决。"朱元璋说："元建国百年，大都的守备必定坚固。孤军攻城，粮饷若是没有储备，元方援兵四集，我们就会失利。我主张要先攻打山东，继下河南，再拔潼关控扼门户，这样整个形势便可归我方掌握，然后进克大都，再向西席卷山西和陕西。"将领们一致赞同这个战略部署。于是，朱元璋任命徐达为征虏大将军，常遇春为副将军，而且还妥善安排了其余将士的任用。他又对将士宣布了纪律，要求在这次征战中，要削平祸乱，以安民生。凡遇敌则战，若所经之处及城下之日，勿妄杀人，勿夺民财，勿毁民居，勿废家具，勿杀耕牛，勿掠人子女，民间或有遗弃孤幼在营，父母亲戚来救即还。

朱元璋在将士临行时，又向中原各地发布了由宋濂起草的著名的北伐檄文。他在檄文中指责元帝"荒淫失道……于是人心离散，天下起兵"。他宣言，"当此之时，天运循环，亿兆之中，当降生圣人，驱除胡虏，恢复中华，立纲陈纪，救济斯民"。这样一来，他便明确地将元末红巾军反对阶级压迫、民族压迫的性质转变成了单纯的民族斗争性质；把广大农民反抗元朝统治的群众运动转变成了个别圣人建朝称帝的事业。至于这个圣人，当然就是朱元璋自己。现在这个圣人遣兵北伐了，决心"拯生民于涂炭，复汉官之威仪"。檄文宣布，他们是号令严肃、秋毫无犯的师旅，中原各地"民人"不要逃避。檄文还宣布，蒙古色目"愿为臣民者，与中夏之民抚养无异"。宋濂的这篇檄文长达千字，言辞恳切，从汉族中原人的立场历数蒙元统治的弊端和腐朽。

这时，元朝的内战仍是打得不可开交，等到朱元璋攻打大都时，元朝的将领们也是各自为战，不愿听从他人，更不愿委屈自己与别人合作，为朱元璋各个歼灭提供了良好的战机。而宋濂的那篇檄文，对北方的汉族官僚、地主、知识阶层起到了很好的安抚和拉拢作用，使得北伐军所到之处并未受到百姓的反击，还得到地方势力的相助，且山东、河南的一些州县不攻自破，纷纷投降。可见，宋濂的这一檄文，在很大的程度上加速了敌人的瓦解。

朱元璋在具体的战略操作上，让北伐军的主力徐达从淮河地区进入河南，同时让邓愈做偏师，由襄阳向北攻南阳以分散元兵军力，三个多月的时间，山东即被平定。顺利平定山东后，兵分两路，一路攻陈桥，再攻汴梁；一路攻归德（今河南商丘）、许州（今河南许昌）和邓愈会师，从后路攻击汴梁。这样，两兵夹击，汴梁不战而降。同时，冯国胜也攻克了潼关，河南也被平定。

朱元璋的军事计划基本成功，下一步就是从三面包围元大都。这时已经到了明洪武元年（1368年）五月，朱元璋亲自来到汴梁，召开军事会议，商讨攻占大都的军事策略。虽然大都的羽翼被除，但朱元璋依然不敢轻敌，非常重视这次出击，因为最后的胜利就要到来。

洪武元年（1368年）正月，在北伐胜利进军的凯歌声中，朱元璋于应天登基称帝，国号大明，建元"洪武"，从此开始了明王朝的统治。

一般情况下，所有的非世袭君王，也就是一般所说的起义军首领或是篡权夺位的叛臣，其即位之事一定不是由本人主动提出的。朱元璋也不例外。

朱元璋在没有称帝之前，一再表示自己没有统治天下的欲望，不要再提即位的事了。而朱手下以李善长为首的一班臣子，当然不能同意主上如此没有雄心壮志，因此他们不停上书劝谏，恳求朱元璋以大局为重，一定要登上皇位。朱元璋自然要推脱一番；臣子们不干，就再上书；还不答应，那就再上书，直到朱元璋答应为止。为什么前两次都不答应，非得等到第三次才同意呢？其实，朱元璋早就想当皇帝了，但又不好自己提出来。终于臣子提了，可要是第一次上书就欣然答应，又显得朱元璋太过急躁。所谓"事不过三"，都请第三次了，再不答应就有点说不过去了。

其实，朱元璋和臣子的这点互动，史书上都有记载："癸丑，中书省左

谋归一统

明朝开国奇谋

相国李善长率文武群臣劝进，太祖辞。固请，不许。明日复请，许之。"

朱元璋即位后的第一件事，就是把他们家祖宗四代都封了个遍。

"追尊高祖考曰玄皇帝，庙号德祖，曾祖考曰恒皇帝，庙号懿祖；祖考曰裕皇帝，庙号熙祖，皇考曰淳皇帝，庙号仁祖，妣皆皇后。"（《明史》）一个人当了皇帝还不行，祖上也得是皇帝才行，这样，这个皇帝才算有迹可循，才算名正言顺。

当朱元璋在南郊祭祀祖先时，青烟袅袅中的他，不知会作何感想。乱世出英雄，朱元璋生在这样一个乱世，是他的不幸，也是他的大幸。当他的双亲无处安葬时，当他流落街头却讨不到一点食物时，他只乞求平静安稳的生活。只不过，当他开始了自己的权力斗争时，历史也引着他越走越远，直到他走向人生的巅峰。

明洪武元年（1368年）八月，徐达、常遇春将元大都攻克，并改称"北平府"。稍后又挥师西征，直取山西。在和战斗力很强的扩廓帖木儿军进行了艰难的交战后，明军将山西平定了。十二月，徐达率领明朝骑兵五万余人与扩廓帖木儿交锋于太原城下，扩廓帖木儿弃师而逃。明军歼灭元军四万余人，常遇春一路北追到欣州，扩廓帖木儿十余万大军全军覆没。次年春天，徐达西征的队伍攻打陕西，将元朝将领李思齐俘获。

当时，明军的主力正迅速向秦晋挺进，元顺帝也趁机命令丞相立刻领兵向北平反攻。常遇春按命令和李文忠统领八万步兵、一万骑兵救援北平，元军听说后仓皇向北方逃亡，常遇春领兵乘胜追击，获得了彻底的胜利。

为将元军对北平的威胁完全消除，常遇春又领兵攻打元上都，元顺帝逃至和林（今蒙古国哈尔和林）。攻克开平后，常遇春消灭了守城的元军，夺得数万车马，元王朝从此宣告终结，常遇春因此为明朝建立了不可磨灭的功勋。

朱元璋北伐灭元之战，是一个战略决策和战争经过基本吻合的典型战例，显示了朱元璋卓越的用兵才能和驾驭战争的能力。朱元璋审时度势，知己知彼，料敌先机，用兵如神，是此战获胜的重要因素。此次战争的胜利，推翻了元朝的统治，确立了明朝对全中国的统治。

朱元璋比起张士诚之流的最大优势就在于，朱得到天下后，依然能够保持一颗奋斗的心，并将勤勉发挥到了极致。他在即位之初，并没有急着享受帝王的生活；不仅如此，他还让百官不要骚扰百姓，给百姓以休养生息的时间。当时，下属州县的官吏前来朝拜，朱元璋对他们说："天下初定，百姓财力俱困，譬犹初飞之鸟，不可拔其羽，新植之木，不可摇其根，要在安养生息之而已。惟廉者能约己而利人，贪者必损国而厚己……尔等当深戒之！"

许多开国的贤明君主都懂得这个道理：在经历了连年的战火后，百姓最需要的就是平静的生活，他们不在乎谁主天下，只希望这个君主能比上一个仁慈一点，宽松一点，给他们一条活路。只要没有官吏的欺压，即使生活再清贫，他们也能安静地活下去。所以，无论是唐太宗，还是朱元璋，他们都实行了休养生息政策。因为只有这样，国家才能在易主的动荡中尽快恢复过来，并顺利地走上正轨。

朱元璋即位之后还有一件大事就是论功行赏，这也是所有跟随朱元璋走过战火的人最期盼的时刻。这其实并不功利，用生命换回的奖赏，是最应该得到尊重的。

朱元璋果然没有辜负他的追随者。《明史》记载，朱元璋"以李善长、徐达为左、右丞相，诸功臣进爵有差"。并且，在立长子朱标为太子后，将很多近臣加封东宫官爵，以求他们能像辅佐自己一样，辅佐自己的儿子。

刚开始，朱元璋还想封官给一些外戚，即马皇后的亲属；只不过遭到了马皇后的婉拒："国家官爵，当用贤能。妾家亲属，未必有可用之才。且闻前世外戚家，多骄淫不守法度，每致覆败。陛下加恩妾族，厚其赐予，使得保守足矣。若非才而官之，恃宠致败，非妾所愿也。"（《明史纪事本末》）外戚专权，自古就是所有为帝王者应当极力避免的事情，但很多开国之君，因为在征战过程中受到了来自妻家的帮助才会封官外戚，然而这也给日后的外戚专权留下了隐患。历史上此类事件虽屡屡发生，却依然成为很多君主躲避不及的雷区。

但是，朱元璋却有一个贤明的皇后。她说，朱元璋赐给自己的亲人足够安享富贵的财富即可，如果有人恃宠而骄，必会成为国家的隐患，这是她不愿意看到的。马皇后，当初她在硝烟弥漫中看中了朱元璋，后来她陪伴他走过了从无名小卒到君临天下的征程。而现在，在她本应享受荣华的时刻，她却依然保持着清醒。

如此看来，她对自己的亲人有些无情；但谁能明白，这其实是最大的恩情。政治斗争历来是最残酷血腥的，处于斗争漩涡的马皇后自然明白这其中的利害。让自己的亲人远离宫斗，实在是她能为家族争得的最大的赏赐；同时，她又为自己的丈夫免去了外戚专权的隐忧。这个女人，头脑不简单。

大明开国后，朱元璋一面"无为而治"，一面广招贤能；一边制定各种律法，一边又兴办学校，忙得不亦乐乎。作为一个过过苦日子的人，朱元璋明白百姓要的是什么，他也知道，如果自己不能使天下太平，不能使人民安居乐业，那么，就会有无数个李元璋、王元璋站起来反他。他不容许自己打来的天下，自己却守不住。所以他一直在努力，也一直很勤政。朱元璋的勤奋，在中国历史上的皇帝当中实属少见，甚至勤奋得有点过头。无论大小事务，他必定亲自过问，每天审阅奏折不计其数，睡眠时间少得可怜，真正是日理万机。而令人不敢相信的是，他居然把这种作风一直保持到驾崩之前。这样的勤政，算得上是帝王的表率了。

然而，他的勤政，并没有作为基因遗传给他的子孙。除了朱棣，明朝就几乎看不到像朱元璋一样勤政的皇帝了。不过，此是后话而已。

此时此刻，坐在龙椅上的朱元璋，手中的御笔批点着面前的奏折。这个国家需要他的支配才能运行，这是皇帝的权力，更是皇帝的责任。朱元璋曾经吃过了那么多的苦，而现在，一个国家的重担压在他肩上。这种辛苦，是世间所有的苦难都比不上的；但这种苦难，在世人眼中，却是梦寐以求的荣耀。

尽管朱元璋已经建立了自己的国家，但元朝的政权还没有完全土崩瓦解。在它彻底消失之前，朱元璋还有很长的路要走。

朱元璋为了这至高无上的地位，他一路披荆斩棘，终于从当年的放牛娃，成为君临天下的帝王。

消灭残元，抚平云南

洪武元年（1368年）八月，徐达、常遇春北伐大军攻入大都，元朝灭亡。明太祖朱元璋称帝后，在进行改革和建设的同时，又开始了一统天下的步伐。

元朝灭亡后，边疆地区和西南、东北都还有部分势力存在，对朱元璋来说，最迫切的任务就是休养生息，统一南北，建立统一的大明王朝。他知道，若这些残存势力不消灭，大明王朝就不安宁。

明军攻占元都后，南方两广地区仍属于元朝管辖。广州军阀何真，在红巾军刚兴起的时候，组织"义兵"镇压起义有功，元朝提升他为广东道宣慰司都元帅。元至正二十三年（1363年）升任广东行省参知政事，成为割据一方的军阀。攻占福建延平后，朱元璋即令廖永忠和朱亮祖等率水军自海道攻广东。三月，明军于潮州登陆，何真"籍所部郡县户口、甲兵、钱谷"，奉表请降。四月，明军占领了广东全境。

元顺帝逃亡后，命扩廓帖木儿兵出雁门关，由保安州经居庸关攻北平，徐达侦察后得知，料北平之兵完全可以防守，遂趁太原空虚之机，直捣其巢。扩廓帖木儿已至保安州，闻徐达不救北平，直捣太原，匆忙间又领军队打回太原，前锋万骑与明军相遇，傅友德、薛显率敢死士卒数十骑冲向敌阵，敌军稍退。此时明军兵力远逊于扩廓帖木儿，只能智取，遂趁夜劫营，扩廓帖木儿无备，跣足跃马，仅有十八骑相从，逃出阵外，亡命甘肃，其兵四万人归降。

之后，北伐军又打回上都，元顺帝再次被迫向北逃亡，洪武三年（1370年）四月在应昌（内蒙古达里诺尔西南）死去。洪武八年（1375年），扩廓帖木儿病死。

当时，广西地区仍在元朝势力统治之下。朱元璋在平定福建后，即命湖广行省平章杨璟、左丞周德兴等率师自湖广进兵广西。洪武元年正月，杨璟部进抵永州，久攻不下，直到四月，才攻克了永州，进围静江。朱亮祖平广东后，也带领军队进入广东，经梧州到达静江，与杨璟部队汇合联手攻城。经两月激战，破静江城，南宁、梧州望风而降，平定广西。

明洪武五年（1372年），徐达、李文忠、冯国胜分三路出击，进入沙漠，明军数万人阵亡，损失较大，洪武六年以后，明朝北边以战略防御为主，腾出兵力平定四川、云南。

四川明玉珍自从建立夏国后，由于保境安民的需要，不过问境外事。元至正二十六年（1366年）明玉珍死，年仅十岁的儿子即位，夏国官员相互攻讦倾轧，政治混乱不堪。洪武四年（1371年）正月，朱元璋以汤和为征西将军，率廖永忠、杨璟等从湖广出发，由瞿塘逆长江而上，直取重庆，傅友德部从秦陇陆路进攻成都。傅友德部进展顺利，四月，连克阶州（甘肃武都）、文州（甘肃文县）及绵州。六月，占领了汉州。汤和部却费了很大气力，先是攻打瞿塘未果，被迫屯兵大溪口，后在来在朱元璋催逼下，廖永忠选精兵抬舟翻山，再顺流而下，上下夹击，才通过夔州。汤和率部六月二十二日到达重庆，明升见势而降。七月，傅友德破成都受降。四川平定。

梁王及大理段氏分别把持云南。洪武十四年（1381年），朱元璋命傅友德、蓝玉、沐英进攻云南，并亲自制订进军云南的战略部署，从永宁出兵乌撒（云南镇雄县），大军随之从辰、沅进入普定，分别据守要害地形，然后进兵曲靖，阻其关口。下曲靖后，分兵应军直捣云南，使敌互相牵制，疲于奔命。云南既克，再分兵大理，派人诏谕，可不战而下。

众将得令后由东北向云南进攻。郭英、胡海洋率五万明军从四川南下趋乌撒，这里是云贵川三省交界处，地理位置极为重要。

主将傅友德、蓝玉等进攻普定。在曲靖，梁王布下十万精兵抵挡明军。傅友德、郭英等日夜兼程，乘浓雾趋曲靖，进至白石江边。曲靖守将达里麻忙将精锐部署在江边，准备决战。明军假装退兵渡江，暗中派数十人从下游渡江，绕到敌军阵后，鸣金鼓，树战旗，迷惑敌军。果然达里麻中计撤兵，明军趁其阵乱渡江，矢石如雨下，生擒达里麻，元军横尸十余里，曲靖平。兵败的消息传到梁王耳中，他弃昆明城逃走，不久自杀。明军出师仅百余日就拿下昆明。

蓝玉、沐英等于洪武十五年（1382年）进兵大理。由于大理有苍山为屏，西面又临洱海，易守而难攻。段氏闻明大军逼境，聚众死守下关。下关十分险要，主攻的重任落在蓝玉军的肩上，他分兵成掎角之势，一路从洱海东趋上关，一路直抵下关。夜半，蓝玉派胡海洋绕到点苍山后，在山上遍树旗帜，天亮时，明军军心备受鼓舞，段氏见腹背受敌，惶恐不安。沐英一马当先，首先渡河，山上军士亦下山迎击，大理军溃散，云南平定，段氏束手就擒。洪武十五年（1382年），于云南设三司，并屯驻重兵，留西平侯沐英世代镇守。

沐英在坐镇云南的期间，除了在洪武二十年（1388年）与二十二年（1390年）镇压了百夷（白夷）巨酋思伦发的两次大"反叛"以外，把军政民政都办得井井有条，所垦的新田有一百万亩以上，使明朝一直"无西南之忧"，对边疆的稳定作出了杰出贡献。

洪武二十五年（1392年）六月，沐英病卒于云南，年仅四十八岁。朱元璋十分痛心，命归葬京师。十月八日沐英的灵柩返京（南京），朱元璋下令，赐葬于江宁县长泰北乡观音山。二十一日明太祖朱元璋追封沐英为黔宁王，谥昭靖，侑享太庙。

平定云南和治理云南，是沐英一生的最大功绩。沐英去世后，在整个明朝期间，承袭"黔国公"的沐氏子弟就是整个云南的最高统治者，为保障明王朝西南地区的稳定作出了不可替代的贡献。沐英家族世袭黔国公爵位，其子孙世代镇守云南，直至终明一代。

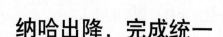
纳哈出降，完成统一

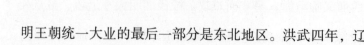

明王朝统一大业的最后一部分是东北地区。洪武四年，辽东元平章刘益降，明设辽东都司。但元将纳哈出盘踞金山地区，拥众二十万，不时与明王朝发生武装冲突，东北问题并未解决。

纳哈出，元末名臣，官至太尉，属蒙古札剌亦儿氏，是成吉思汗四杰之一的木华黎裔孙。

至正十五年（1355年），朱元璋攻克太平将其俘获，朱元璋以其为名臣后人，待之甚厚，劝其归顺，但其坚决不肯。后来朱元璋好言相抚，厚赠银两，准其北归元朝。元亡后，元顺帝北逃，史称北元。以纳哈出手握重兵，封其为丞相，继封太尉。

没过多久，元辽阳行省平章刘益降明，辽东大部为明所有，纳哈出领兵踞开元路（今开原），屯兵二十万于金山（今昌图金山堡以北至辽河南岸的吉林双辽东北一带），持畜牧丰盛，与明军对峙。当时元顺帝早已于明洪武三年殁，不久太子又死，由顺帝孙脱古思帖木儿继位。自此，纳哈出成为元末主要势力，曾封其为开元王。

明军将云南平定以后，南方基本稳定。其实攻下云南，只是朱元璋对付据守北方的纳哈出的前提。朱元璋明白，和梁王比起来，纳哈出更为棘手，所以他选择先易后难、逐个解决的方略。

纳哈出身为元朝世将，善于带兵，有勇有谋。在镇守太平时，和朱元璋军对垒遭擒。朱元璋念其是个将才，决定放走他。后来纳哈出随元顺帝北上，拥兵盘踞金山（今辽宁省内），养精蓄锐，伺机南下。朱元璋每想至此，就对自己当初放虎归山后悔万分，以致如今酿成大患。

一天，朱元璋召集诸文武官员共同商讨对付纳哈出之策。户部尚书茹太素进言道："陛下，我们对梁王先采取招降。对纳哈出，我们是否也先用此策呢？"

朱元璋感慨道："这我们不是没想过，但照目前形势绝无可能。劝降梁王时，我们已把他完全孤立。现在虽已击溃元顺帝的中路军和扩廓帖木儿的西路军，西北初平，但他们余部尚在。他们不能深入内地抢掠，但仍然可以给予纳哈出各种补给，纳哈出仍有周旋余地呀！"

"我们可以先尝试招降，如不行再出兵。现在天下大势已定，纳哈出不会不识时务吧？"茹太素接着说道。

"看来你还是不了解他啊。金山为元朝残部的前沿阵地，一旦金山被破，元朝残部势必土崩瓦解。而纳哈出是极忠于元朝的，他断不会降，这一战在所难免。"朱元璋摇头道。

"皇上，他纳哈出有何好怕？末将愿领兵前往，打他个落花流水！"

朱元璋定睛一看，说话之人是蓝玉。蓝玉是员悍将，攻城拔寨少不了这样的人才。但如果和纳哈出交手，蓝玉仍显稚嫩；如果冯国胜、傅友德、蓝玉三人同往，定会万无一失。朱元璋明白此次出征只许胜不许败，经此一战要彻底摧毁元朝残部的复国念头。

洪武二十年（1387年）正月，朱元璋命冯国胜为征虏大将军，傅友德、蓝玉为副将，统兵二十万北攻纳哈出。冯国胜率军从松亭关出长城，驻兵于大宁、宽河、会州、富峪四城。切断元中路军与纳哈出的联系，存储粮草供应大军。派大军从北面包围金山，使纳哈出完全孤立。

此时金山四周皆为明军占据，纳哈出与外界断绝了联系。

"冯将军，末将请命出战纳哈出。"连日来纳哈出闭门免战，蓝玉实在是憋不住了。

"蓝将军，大军临行前皇上可有言在先，若纳哈出坚守，我们绝对不可贸然进攻。虽然金山已成孤地，但纳哈出军队的战斗力不可低估，现在开战只会造成我军不必要的伤亡。"

"如此这般，我们可要等待何时呀！我就想和纳哈出好好打一仗，看看这元朝老将有何能耐。"蓝玉道。

"蓝将军少安毋躁。"傅友德道："我们不费一兵一卒，即可拿下金山。"说完和冯国胜相视一笑。

"这是为何？你们把我搞糊涂了。"蓝玉不解地问道

"皇上真是料事如神啊。出征前皇上说过，纳哈出不可能投降。除非我们成功围困金山，若失去外界补给，纳哈出不得不降啊。"傅友德答道。

而此时正如傅友德所言，纳哈出军内粮草仅能维持几日。纳哈出坐在大帐中思绪万千。自己这半生为了元朝，兢兢业业，呕心沥血，可到头来却落得今天这步田地。大元好不容易打下的大好河山转眼就要完了。纳哈出明白，元朝的基业已经完了，想到此不禁哭出声来。

"大帅，你这是怎么了？"一位将军闻声走入大帐问道。

纳哈出迅速恢复常态，他不能在此时丢了大帅的尊严。他整理了一下心情，说道："你把诸位将军都喊入帐来，我们议事。"

很快将军们便站满了纳哈出的大帐。虽然大敌当前，缺吃少喝，可纳哈出的军队果然纪律严明，没有丝毫松懈。

"将军们，你们有何退敌之策？"纳哈出问道。

帐下一片沉默。事到如今，谁也没有好的方法。

"不如……降了吧！"纳哈出哽咽道。

此言一出，帐下将军们立即跪倒一片。"大帅，我们宁死不降！""我们与金山共存亡！"

"诸位将军赶快起来，"纳哈出道，"我知道你们都是不怕死的好男儿，可如今不是逞英雄的时候。元朝大势已去，你们都是我们蒙古的精英，元朝可以亡，而你们不可以亡啊！如果你们还认为我是大帅，就按我说的做。"

纳哈出戎马半生，早把自己的生死置之度外，但他不能不为蒙古的将来考虑。他知道如今的天下已是朱元璋的了，再为元朝做殊死挣扎也是徒劳无益，虽然他是那么维护心中的这个王朝。他必须尽快为金山的将士以及金山的百姓们找到退路，投降便成了唯一可能的选择。

探子很快就把这一消息报告给了冯国胜。冯国胜和傅友德商量后，二人找来蓝玉。

冯国胜说道："蓝将军，好消息啊，你终于等到和纳哈出交手的机会了。"

"真的吗？什么时候？准我带多少兵马啊？"蓝玉闻听此言，激动的发问。因为他早就盼着这一天了。

"蓝将军不急。等你吃饱喝足了，还可以睡上一觉呢。然后，骑上你的战马自己去就可以了。"

"啊！这是什么意思啊？"蓝玉不解地问道。

傅友德笑着说："都说蓝将军胆子大，不过如此呀。实话告诉你吧，你已经没有机会和纳哈出交手了，他已决定投降了。让你去是招降的，一个人敢不敢啊？"

实际上，这是傅友德和冯国胜在激蓝玉呢，招降这事冯国胜和傅友德商量过后，还是觉得蓝玉最合适。身份上蓝玉是永昌侯、大军副将，完全合适。另外，纳哈出降不代表他的每个人都愿意投降，让骁勇的蓝玉一个人去，可以起到震慑作用。

"打仗都敢，这有什么不敢的？你们就看我的吧！"蓝玉笑道。

这天，蓝玉只身一人进城招降。纳哈出摆出酒席，蓝玉只管大口喝酒，大块吃肉，表现得相当愉快。这不仅震慑了纳哈出的将军们，同时也让他们认为明军是真心来招降他们的。宴毕，纳哈出同众将军出城受降，全城一片肃然。

纳哈出来到城门口，转身北望，遂又跪地三拜。蓝玉心想，这厮还是放不下元朝啊，不过果然是一条好汉，遂赶快扶起纳哈出，解下自己的斗篷道："大帅城外风凉，快把这衣服披上吧。"纳哈出心里明白，披上这明朝将领的衣服，自己也就成为明朝的人了。纳哈出喟然一叹道："罪将岂敢！我这把老骨头行将就木，蓝将军风华正茂，还是请蓝将军披上吧。"说着二人走出了城门。

纳哈出投降后，东北平定。朱元璋亲封纳哈出为海西侯，赐铁券丹书。

洪武二十一年，纳哈出从傅友德往征云南，途中卒于武昌舟中，葬于南京。

后来，朱元璋又顺利地解决了女真族的问题。朱元璋经历了15年风雨，削平群雄，推翻了元朝，又用了20年时间，完成了明朝的大一统事业。

第五章　建国称帝，一统天下

第六章
实施新政，安抚人心

　　每个新王朝的开始，统治者都会颁布一系列新的政策，借以巩固自己的统治。朱元璋在建国称帝、一统天下之后，实行了一系列新的政策：户籍制、立卫所制和将兵法、诏令办学、制定科举、发展农耕、农工商立法、移民屯田、佛道并举等等。他实行的这一系列新政，对巩固明朝的统治、安抚人心的确起到了一定的积极作用。

户籍制度，严密管理

明朝建立以后，明太祖朱元璋为了建立有效的赋役制度，对地主隐匿田产、户口而逃避赋役的行为予以打击。他下令各地认真清理、统计全国户口和耕地数额，编制了赋役黄册和鱼鳞图册，从而形成了严密的户口和财产登记制度。

洪武元年（1368年），朱元璋要求在各地作战的总兵和地方官员注意收集户口版籍。同年，制定"均工夫"役法；而且还编制了应天十八府州、江西九江、饶州、南康三府的均工夫图册。洪武三年（1370年）他又下令按户登记姓名、籍贯、年龄、丁口、产业，实行户帖制，将户帖发放给各户，全国户籍则在户部汇总。在江南一些地区还试制了"小黄册"。

明政府也十分重视查核全国的土地。洪武元年（1368年）朱元璋派官员到浙西核实田亩，编造鱼鳞图册。后来又令国子监监生武淳等人到各地丈田绘鱼鳞图。鱼鳞图册按"随粮定区"原则，以税粮万石为一编造单位，称一区。把每区的土地丈量之后，绘成图册，册上记载所有田亩面积、四周界至、土地沃瘠、户主姓名。因总图形状像鱼鳞，故而得名为"鱼鳞图册"。

黄册以户为主，以人为经，以田地为纬，田地分别归于地主，作为征派赋役的根据。鱼鳞图册以田地为主，以地域为经，以人为纬，作为解决土地纠纷的凭证。两种册籍相互配合，相互补充，相互核对，相互牵制，形成了一套严密完整的户口、田地和赋役管理制度。

卫所制度，控制军权

　　洪武初年，中央军事机关为大都督府，朱元璋任命亲侄子朱文正为全国最大的军事长官大都督。全国都司、卫所的军队都由大都督府统率。后来，朱元璋觉得大都督府的权力过大，就在废中书省的同时，把大都督府一分为五，设立左、右、中、前、后五军都督府，各都督府分别统领各自所属的都司、卫所，各府的长官分为左、右都督、掌管军事。五军都督府和兵部既互相配合，又互相牵制。各都督府只管军籍、军政，没有指挥和统率军队的权力；兵部虽有颁发军令，铨选军官之权，但不能直接指挥和统率军队。如有战争，则决定权在皇帝手中，兵部奉旨颁发调兵命令，由皇帝亲自任命军事统帅，然后率领由各卫所调集的军队去作战，结束战事之后，兵归卫所，主帅还印。这一制度使皇帝握有总指挥权和将帅的任免权，而军籍、军政的管理和军队的调发指挥权限分开，将不专军，军不私将。这样，不仅避免了悍将跋扈、骄兵叛变的弊端，而且更重要的是使皇帝牢牢控制住了军权。

　　立国之初，明太祖朱元璋和刘基经过研究磋商．在编制和训练军队方面，创立了一种卫所制度。卫所军队有四个来源：一是从征；二是归附；三是谪发；四是垛集。军人列入军籍，世代沿袭、儿孙代代当兵，都督掌管军籍，普通地方行政官吏无权管辖军人。军队耕战结合，平时既要屯耕，也要进行军事训练，并且还担负保卫边疆和镇守地方的任务，具有武装力量和生产力量相结合的性质。卫所把全部军士都编排进来，每112人编为一个百户所，每十个百户所编为一个千户所（1120人），每五个千户所编为一卫（5600人）。卫所的军官分别为百户、千户、卫指挥使。百户所以下的军事单位是总旗（约50人）、小旗（约10人）。全国各地都有洪武朝卫所，但主要集中在京师重地。

文化教育，利弊参半

明太祖朱元璋在创立明王朝的过程中认识到，元朝之所以灭亡，除了统治者实行政策的失误之外，整个社会失于教化也是一个原因。因此，一登上皇位，朱元璋就采取了一系列强制措施，兴建学校，选拔学官，并坚持把"教育工作"作为衡量地方官政绩的重要指标。

诏令办学

洪武二年（1369年）十月，明太祖朱元璋告谕中书省官员说：学校教育，到元代其弊已极……治国之要，教化为先，教化之道，学校为本……宜令郡县皆立学校。十月三十日便下诏令地方郡县开办学校。

明政府为了能使地方贯彻好立校兴学政策，还明确规定：府学设教授一人，训导4人，生员40人；县学设教谕一人，训导二人，生员20人。

师生每月除供应每人六斗米外，有司还要供应鱼、肉。学官月俸，多少不等。学生学习，专治一经，以礼、乐、射、御、书数设科分教，要学以致用。同时还对学校规章等其他相应教学措施作了规定。地方学校培养出来的学生，资历深的可以定期保送到京师国子监继续深造，也可以参加科举考试，求取功名；入学十年以上还没出路的，由学校推荐，可往吏部保送，充任下级官吏。

北方学校教育较南方相比尤为落后，缺乏师资而且师资水平很低。为了改变这种局面，朱元璋在洪武二十年（1387年）命令吏部从南方选出大批教学经验丰富的教师充实北方学校，以此来提高北方的教学水平。

明代前期，除上述府州县学外，地方社学也聘请儒士培养民间子弟，还有"御制大诰"及本朝律令的学习内容；地方武学也聘请武师专教武臣子弟学习武艺等等。

朱元璋诏令天下郡县皆立学校，对稳定明王朝统治具有积极意义。

制定科举

洪武三年（1370年）五月，国家人才紧缺，朱元璋颁发科举诏令，于八月设科取士。

明代科举考试分文武二科。二科考试都明确规定了考试时间：子、午、卯、酉年为乡试，辰、戌、丑、未年为会试；乡试在八月，会试在二月，皆九日为第一场，复三日为第二场，又三日为第三场。中乡试者称举人，京师会试中胜出者有资格参加殿试。三年一大考，皇帝亲自把关殿试，殿试及格而被录取的都称为进士。进士分一、二、三甲，一甲三人，第一名称状元，第二名称榜眼，第三名称探花，赐进士及第；二甲若干名，赐进士出身；三甲若干人，赐同进士出身。凡中进士者，均

第六章 实施新政，安抚人心

可封官。

文科考试以"四书五经"为主要内容。初场试五经义二道，四书义一道。二场试论一道。三场试策一道。三场考试通用推行的八股文答题（每篇文章必须包括破题、承题、起讲、入手、起股、中股、后股、束股八部分），因考试只重形式而内容不实，明代科举制又因而被称为"八股取士"。

武科试士的内容同文科有些差别。武举初试马上箭，二场试步下箭，三场试策一道。六年一大武举考试，考中者称武状元等。武科重技勇，考试的内容也因时局的变化和要求略有改动。

明代科举取士录取名额由社会需要而定。明初所需文官数额大，录取时也较多；明中期，逐渐放宽乡试名额而缩小会试名额，而且在录取进士名额时，注意地域间的南、北分布平衡。

在明初期，明代科举制对于扩大官僚机构、稳定统治政权起到了积极作用。因其以孔孟之道和程朱理学来束缚读书人的思想，是一种文化专制制度，所以读书人为了猎取功名，埋头"四书五经"，写空洞的八股文。这种举士制度禁锢了人们的头脑，严重阻碍了文化科学的发展。

重农抑商，移民屯田

明朝建立伊始，华夏大地上经过元末农民起义、群雄逐鹿天下的战乱破坏，到处都是一片凋敝。明太祖朱元璋对此情形，实行了发展生

产，与民休息的政策。1368年，朱元璋称帝不久，外地州县官来朝见，朱元璋对他们说："天下初定，老百姓财力困乏，像刚会飞的鸟，不可拔它的羽毛；如同新栽的树，不可动摇它的根。现在重要的是休养生息。"

农工商立法

明朝初年，因为经年战乱，全国流民充斥，农业生产非常缺乏劳动力，因而太祖朱元璋加强农业立法，用以恢复与促进农业发展。

朱元璋曾下达了禁止贩良为奴的禁令，禁止人身买卖，以解放劳力，投入生产。明初则大力推广移民垦荒，实行屯田，包括军屯、民屯、商屯、戍罪屯、赎罪屯等。

从农业发展需要出发，明政府加大了水利建设，整治堤岸塘堰，疏浚河道，还专门设置了掌管水利的营田司。规定：如有盗决河防者，杖一百；盗决圩岸陂塘者，杖八十；不修河防圩岸，或修而失时者，笞三十至五十杖；由此造成人员、财物损失者，笞五十至六十杖。

明政府为核查全国田亩，还编造黄册与鱼鳞册。耕民按亩交赋，赋役程度比前朝减轻很多，极大地提高了农民的生产积极性。

由于农业立法的推广，全国垦田面枳和人口大增，社会生产得到了恢复和发展。

此外，明朝的工商立法明确、具体。明初建立的匠户匠籍制度，加大了手工业者的集中管理力度，发挥了技术优势，促进了手工业的发展。

明朝律例对手工业产品的质量与规格要求十分具体。规定：造器物、缎匹不合格，工匠均受笞刑或以坐赃论。有关官吏也受处罚并赔偿损失。

在手工业生产管理方面，明朝法律规定：不经批准非法营造者，按坐赃论；营造所需物资不实报笞五十；多领物资者，以监守自盗论；工匠未按期交货，官吏不如期拨料者均处笞刑。

明代商业立法以重农抑商为基础，而且对盐、茶采取官营专卖政策。元至正二十一年（1361年）所定的《盐法》便有贩盐者取税1／20以助军饷的规定；洪武元年（1368年）定《盐引条例》规定贩私盐者绞；后来又在《大明律》中规定：凡贩私盐、私茶者杖一百、徒三年，如携武器者加一等，拒捕者斩。买私盐者杖一百。盐法规定要取得吏部所颁"监引勘合"的凭证才可以经营盐业。早在元至正二十年（1360年）朱元璋便定《茶法》，取其1／30作为税赋收入的补充。明令严禁贩卖私茶，由官府专卖。洪武以后则规定设"茶引所"收购茶叶；贩茶者也一定要持有吏部"茶引勘合"，没有或持有过期凭证的按贩私盐律治罪。

《大明律》中的市场管理法规定：统一度量衡，市面上所用均须经官府核查，违者治罪；加强管理机关平抑物价的责任；对不法商人操纵市场、哄抬物价的不轨行为予以严厉打击，触犯此条规定者视其轻重处以笞、杖刑；严禁私人从事海外贸易，明确规定货卖海外和下海者杖一百，将人口、军器出境者处以绞刑，关口将士渎职与犯人同罪等。

移民屯田

明洪武三年（1370年）六月，分布于苏、松、嘉、湖、杭五郡的四千余户无田耕种的百姓，遵从朱元璋令迁徙到"田多未辟"的临濠，就垦农业，免征三年移民租税，这便是明代大规模移民屯田的开端。

洪武四年（1371年）六月，徐达驻师北平，因为除去了元朝的威胁，所以把北平山后居民分散到各府卫进行屯田；同年又移漠北和山西一带"沙漠遗民"到北平屯种，江南万余户少地、无地农民还奉命迁到凤阳屯田。洪武九年（1376年）十一月，山西一带无田的百姓迁到凤阳屯田；十五年（1382年）九月，广东番禺等处24000多名降民迁移泗州屯田；二十一年（1388年）又将山西泽、潞二州无地百姓迁往彰德、真定、临清、归德、太康等空旷地带，置屯耕种。

除了省与省之间的大规模移民屯田之外，各省内也发生了迁徙情况。洪武二十五年（1392年），登、莱二州五千余户农民就耕于东昌，二十八年（1395年），东昌三府外来移民达五万余户。

明朝的移民屯种，政府为其提供耕牛种子，免除三年租税，三年之后每亩纳税一斗，不再加收其他赋税。这一举措极大地激起了百姓垦田种植的积极性，加速了开辟荒芜田地的进程，扩大了自耕农的比例，从一定程度上改变了元末土地高度集中的局面，推动了明初经济的恢复和发展。

明朝洪武移民是中国历史上规模最大、历史最久的一次有组织有计划的迁移行动，涉及人数达百万之众。其声势之大，范围之广，旷古绝今。自古就有民谚："问我祖先何处来，山西洪洞大槐树"。洪武移民不仅合理地分布了人口生存空间，而且移民与当地土著在文化上、心理上、习俗上经过长期的交融交换，地域文明必然会相互照应，培育出新的文明种子，在中国古移民史上留下了浓墨重彩的一笔，为大明帝国成为当时世界最强盛的国家奠定了基础，为汉民族文化发展作出了贡献。

明初移民大都来自山西是有原因的。大明建国之初，由于连年战乱，加上疫病流行、黄河、淮河、运河连连泛滥，中原、江南人口锐减，而山西却未经大战，人口稠密。河南、河北、山东三省人口相加，还不及山西人口的一半。洪武八年，洪水暴发，淹了山东。江苏、河南、河北、安徽数省，洪水冲垮海堤，海水倒灌，把明朝廷的主要税收

——盐场也一并冲毁。中原大地赤野千里，人迹罕见。正所谓白骨露于野，千里无鸡鸣。为此，明太祖朱元璋下决心从山西大规模移民整修河堤、恢复盐场、发展生产，增加中原和江南人口。

佛道并举，巩固明朝

在中国传统社会里，宗教在各朝各代所受礼遇有很大差别，不仅皇帝的德识喜恶会影响宗教的生存发展，更重要的是社会结构的变革会直接影响到宗教在整个社会政治、经济、文化生活中的地位和作用。另外，宗教在"前朝"的地位和作用，也对它在新王朝的命运影响很大。

尊崇佛教

宋元以来，佛教按照许多研究思想史的学者的说法是在"走下坡路"。其实佛教在继续其本土化的进程上没有停步，它在思想观念上走向"三教圆融"，更加方便修行。它不仅与统治阶级关联很大（如被称为"黑衣宰相"的慧琳和元代的"帝师"），同时还渗入社会中下层民众生活的各个方面，如庙会、法会、超度亡灵、预告福祸等。

明太祖朱元璋采取与国策相一致的佛教政策：在利用中有所整治，目的是为了更好地服务于专制统治，使佛教成为维护明王朝的有力工具。从而形成出家人"善被两间，灵通上下，使鬼神护卫而听德"，老百姓则"皆在家为善"的"清泰"局面。他登基没多久，就在南京召集僧人开会，为各大寺院选派住持，举办法会，为国"祈福"。在其后的几年中

"复用元年故事"。洪武六年（1373年），朱元璋又下诏，把由唐宋沿袭下来的"计僧售牒"改为免费发给，并放宽僧人的活动范围。

明太祖朱元璋执政期间前后陆续印制了许多有关佛的文章，《明太祖文集》收文章46篇，收入《护法集》的诗文有36篇。洪武十年（1377年），朱元璋诏天下沙门讲《心经》、《金刚》、《楞伽》三经，以示对佛教的尊重。

明太祖朱元璋不仅亲自规定了僧人应当念什么经，而且还将佛教的仪式"标准化"，并在全国推行。这一方面是鼓励，同时也是一种约束。在宋元时期，佛教教规约束力差，教团组织繁多，且过多参与政治。朱元璋对此十分清楚，因此他当皇帝后曾经下诏对众僧说："如今为僧的多不通晓佛法"，以后要"昼则讲说，夜则禅定，以深通佛法为长"、"违者论罪"。

明太祖朱元璋为了使佛教成为自己国家专制的统治工具，首先从严格教规僧戒。洪武二十四年（1391年），朱元璋特意颁布了《申明佛教榜册》，其目的是"今天下之僧，多较世俗，甚至不如世俗之人……理当清其事而成其宗。令一同禅者禅，瑜伽者瑜伽，各承宗派，集众成寺。有妻室的愿意还俗可以，愿意走也可以。僧命，行下诸山，振扬佛法以善事"。

其次，因为有些政敌遁入寺院、削发为僧，某些"囚徒逋卒"改名易姓，"削发顶冠，人莫之识"。针对"诸僧所为多不法"这一状况，明太祖朱元璋从制度上加以限制，洪武二十七年（1394年）下旨严加限制僧徒参加世俗事，尤其不许参与政事。

再次，限制僧人数量，减轻人民负担。从南北朝到宋元，僧众多时达二三百万，最少也有十万多，他们不耕而食，连当过僧人的朱元璋也感到"近日崇尚太过，徒日盛，安坐而食，蠹财耗民，莫甚于此"。朱元璋便下令各地州县，合并寺院，控制僧人的增加。朱元璋令翰林学士宋濂考查僧徒，"皆通《般若心经》、《金刚般名经》、《楞伽经》"者可继续为僧，"不通者，令还俗"。洪武二十四年（1391年）又用翰林学士议，"令礼部清理释道二教，凡州府寺观虽多，但存其宽大可容众者一所，并而居之。毋杂处于外，与民相混。余寺观为丛林，以居贫民"。除此之外，朱元璋还禁止私自剃度或建立寺观。

最后，健全僧官制度。洪武五年（1372年），在定六部职权范围时，以礼部之祠部"掌祭祀、医药、丧葬、僧道度牒"。洪武二十九年（1396年）改祠部为祠祭清吏司，"几天文、地理、医药、卜筮、音乐、僧道人等，并籍领之"。明代废除了宋元时期的功德使和宣政院，祠祭司负责宗教政令大纲，主管僧道试经给牒、僧籍档案、选补中下级僧官、分配寺观名额等。

在健全政府管理机构的同时，还在佛都内部设立僧官。以往各朝很多僧官有秩禄俸，但明代政权对各级僧官的品阶俸禄、仪仗伞盖和服饰冠戴，进行了明确规定。洪武十五年（1382年），朱元璋诏令天下，中央设立僧录司"总其教"。

善世为僧录司最高首领，编制二人，皆正六品秩同翰林院侍读、侍讲、六部主事，月给米十石，左善世负责京邑寺院的经业教习。另有阐教二人，从六品，秩同翰林院修撰，月给米八石，负责监督众僧人的举止仪表，并职掌佛经的印刻；讲经二人，正八品秩同六科都给事中，月给米六石五斗，负责解释经义，接待各方施圭和外国僧侣；觉义二人，从八品，月给米六石，负责督查僧纪戒律，处分犯戒的僧尼。此外还分别在府、州、县设立了僧纲，僧正、僧会。佛教的最高管理部门是僧录

谋归一统

明朝开国奇谋

司，寺庙住持的铨选任命，度牒的填发，全国寺院花册和僧尼名籍册的编制、汇总，申报礼部全由它来负责。

控制道教

朱元璋年轻时的出家经历，使他在了解宗教及其教团根底方面胜于历史上任何帝王。他因此"对宗教采取利用与约束相并用的政策"，即"笼络其首领，又控制其势力的发展"。

朱元璋尚在推翻元政权的"义军"之际，就跟义军的道教"天师"张正常建立联系。元顺帝至正二十一年（1361年）身为吴王的朱元璋一方面派人"访求天师，多有招聘礼请入山，依前住持道教"，另一方面命令部下"但系龙虎山宫观殿宇及供器什物，诸人毋得作践损坏，亵渎神明，旧管山园田地房屋，悉听为主，诸色军民人等不许夺占，违者治罪"。后来，朱元璋又直接写信给张正常，张正常对此表示赞同，从而定下了"辅国济民"的基调。

朱元璋确实曾将自己的说法付诸于行动。元顺帝至正二十六年（1366年），因战乱而民间病疫者多，朱元璋下令张正常放符并普施符水救济民众，由于求符水的人太多，张正常便来井边施符，"人争汲之"，朱元璋命部下作亭于井上，命名为"太乙泉"。

在朱元璋建立起明王朝之后，他所采取的宗教政策和他争取各种宗教力量支持以得天下时没有本质的不同，让一切宗教为其政治统治服务，这是任何一位想要长久统治天下的皇帝所必须考虑的。朱元璋登基之始，曾对宋濂等朝臣说："秦始皇、汉武帝好尚神仙以求长生，疲劳精神，卒无所得。使移此心以图治，天下安有不一？"这说明虽然他当过僧人，但对宗教与国家的关系能够有较清醒的认识。

朱元璋对宗教是有限制地加以利用和控制，招揽名流来祀天敬神，同时对教团严加约束，防止其泛滥而损害政治与经济。在朱元璋当政期间，他对道教的限制便体现了这一点。

首先，他控制道教领袖的权力，减少宗教神职人员的特权。洪武元年（1368年），朱元璋登基，张正常入京朝驾，朱元璋不仅没有给他加封，反而以"岂有师乎"为由，免去了元朝所封给他的"天师"称号，改授正一嗣教真人，赐银印，秩视二品。洪武三年（1370年），朱元璋又下令凡寺观庵院"除殿宇梁栋门窗神座案棹许用红色，其余僧道自居房舍，并不许起斗拱彩画梁栋及僭用红色什物床榻椅子"。

其次，他把道教看成是养生治国之道。洪武七年（1374年），朱元璋曾将自己注释的《道德经》出示群臣，其意图是纳道教为"养生治国之道"。他举老子所说的"五色令人目盲，五音令人耳聋"与"圣人去甚、去奢、去泰"之类的话对群臣说："老子所语，岂徒托之空言，于养生治国之道，亦有助也。但诸家之注，各有异见，朕因注之，以发其义"。不过三教之中朱元璋更重视儒家对国家的影响，洪武元年（1368年）召见孔子第五十五世孙，洪武十五年（1382年）下诏天下民众都要尊祀孔子，释道等教"皆有蠹政扰民，造反作乱嫌"，唯儒教"维人心，扶世教"，不存在弊病。所以诏下之后，朱元璋又亲自去太孔庙拜孔子像。这无疑是提倡儒教，抑制道教了。

再次，对道观加以清理，限制出家人数。洪武二十四年（1391年）他下令清理释道二教，规定各府州县的道士都集中归附于"宽大可容众者"，不许"杂处于外"，但可以还俗。为了控制国家的劳动力和赋税人口，规定男40岁以上，女50岁以上才允许出家，而各级行政区域也限制道、姑人数，即"府四十人，州三十人，县二十人"。

最后，成立道录司以检束天下道士。道录司作为管理全国道教的最高机构，设左右"正"二人，相当于六品官员；左右"演法"二人（从六品）；左右"至灵"二人（正八品）；左右"玄义"二人（从八品）。"道录司掌天下道士，在外府州县有道纪等到司分掌其事"。洪武十四年（1381年）编制"黄册"，以国家颁发的度牒作为正式凭证。

封官授权，警戒功臣

洪武二年（1369年），明太祖朱元璋考虑到历代地方割据和叛乱严重威胁皇权，吸取宋、元两代皇室孤立的教训，诏定诸王国邑与官制，大封诸子，屏藩王室。并对功臣们封官授权，制作牌符。明太祖朱元璋又针对明初的一些加官晋爵的开国大臣，仗势欺人，横行乡里，连奴仆杀人也隐匿不报，朱元璋命工部制作铁榜申诫功臣，厉禁纵容奴仆仗势为非作歹。

封王封臣

由洪武三年开始，朱元璋的儿子和一个曾孙被先后封王。选择其中一部分授予兵权，如秦王朱樉、燕王朱棣、宁王朱权等，令他们在北方驻守，节制沿边兵马，以防御蒙古残余力量；还有一部分驻守在内地各省，如鲁王朱檀等，用于监视地方官吏。

为避免握权大臣篡权谋反，明太祖规定，诸王有移文朝廷索驭奸臣和举兵清君侧的权力，同时因担心诸王权力太大对中央集权的统治构成威胁，又申明诸王"惟列爵而不临民，分藩而不赐土"，即分爵而不裂土。

另外，因江、浙等系京畿重地和国家财源所在地，为避免干扰国家经济和政治活动而不予分封；闽、粤不封，则因其地远险恶，皇权难以控制。

明太祖分封诸王，皇子以亲王身份建藩就国，实则是继承了古代的分封制，对明初加强皇权统治起到了一定的作用。但是，所封诸王，拥兵自重，终于造成"枝强干弱"的割据局面。

洪武三年（1370年）十一月，朱元璋在奉天殿举行隆重庆祝仪式，以表彰文臣武将的开国功勋，并大封功臣。

诸将的功绩都记录在大都督府兵部。吏部定勋爵，户部准备赏赐物品，礼部定礼仪，翰林院撰制诰，皇太子、诸王在两旁侍立，皇帝左右则排列着文武百官。诏封左丞相李善长为韩国公，右丞相徐达为魏国公，常遇春之子常茂为郑国公，李文忠为曹国公，邓愈为卫国公，冯胜为宋国公，又封了六公之下的侯爵：汤和首位为中山侯，唐胜宗为延安侯，陆仲亨为吉安侯，周德兴为江夏侯，华云龙为淮安侯，顾时为济宁侯，耿炳文为长兴侯，陈德为临江侯，郭兴为巩昌侯，王志为六安侯，郑遇春为荥阳侯，费聚为平凉侯，吴良为江阴侯，吴祯为靖海侯，赵庸为南雄侯，廖永忠为德庆侯，俞通源为南安侯，华高为广德侯，杨璟为营阳侯，康铎为蕲春侯，朱亮祖为永嘉侯，傅友德为颍川侯，胡美为豫章侯，韩政为东平侯，黄彬为宜春侯，曹良臣为宣宁侯，梅思祖为汝南侯，陆聚为河南侯。并赐诰命、铁券、赏物等。又在该月，册封汪广洋为忠勤伯，刘基为诚意伯。而且还诏告各位公侯：身享富贵，应通达古今之务以成远大之器，不可苟且自足。

此后，朱元璋根据诸武臣的战绩，或封侯伯，或晋封公，以此激发武将建功立业之心。

洪武十一年（1378年）汤和被朱元璋封作信国公，洪武十二年（1379年），又封仇成为安庆侯，金朝兴为宣德侯，蓝玉为永昌侯，谢成为永平侯，张龙为凤翔侯，吴复为安陆侯，曹兴为怀远侯，叶升为靖宁侯，曹震为景川侯，张温为会宁侯，周武为雄武侯，王弼为定远侯。

制作牌符

明洪武四年（1371年）五月，太祖朱元璋诏命工部制造用宝金牌和军国调用走马符牌。用宝金牌共有两枚，分别由中书省、都督府收藏，在调遣军队时使用。走马符牌分金、银两种，用金属打制而成，贯以红丝绦，平时在内府保存，适于紧急军务在身的遣使佩戴。后来，走马符牌也为用宝金牌代替，上镌二凤，下镌二麒麟。

朱元璋在同年六月又下诏，命礼部参考旧典，制定武臣金银牌制，以供在外武臣作为随身携带的证物之用。金银牌具有相同的规格，上镌双龙，下镌二伏虎，用红丝带悬挂。指挥所佩戴的金牌，上有双云龙、双虎符；千户所佩戴的是镀金银牌，只有一条云龙、独虎符；百户佩戴的是素银牌符。全国共有500个双云龙、双虎符金牌，2000个独云龙、独虎符镀金银牌，11000个素银牌，上有朱元璋亲笔题撰的阳文："上天佑民，朕乃率抚，威加华夷，实凭虎臣，赐尔金符，永传后嗣。"符牌制乃明王朝加强军事集权的重要标志。

铁榜诫功臣

洪武五年（1372年）六月，朱元璋为了保全功臣，命工部制作铁榜申诫功臣，厉禁纵容奴仆仗势为非作歹。

铁榜共有九条命令以申明律令，责令公侯奉公守法，不可以侵犯百姓利益。如命公侯不得接受官军贿赂，不可强霸官民山场、湖泊、茶园及金、银、铜、锡、铁冶炼者，不得容许家仆侵夺田产财物，不得倚仗权势欺压百姓等。但凡违背上述命令者都有受杖、充军、受刑、处死等相应处罚规定。铁榜公布后效果较好，但某些武将仍旧我行我素，目无法纪。如蓝玉专横恣暴，储庄奴数千人，鱼肉乡里；郭英私养家奴150多人，滥杀无辜；周德兴营造宅第，逾制豪华；朱亮祖专擅不法、贪得无厌等。这些最终导致洪武十三年（1380年）胡惟庸案和洪武二十六年（1393年）蓝玉案的爆发。两次党狱，致使那些元勋和有功将才全被杀尽了。

朱元璋制作铁榜警诫功臣，对明初抑制豪强、整顿吏治、稳定社会秩序起到了积极的作用，对剥夺公侯兵权、加强皇权也有一定的现实意义。同时，它也暴露出朱元璋唯恐公侯掌握兵权的心理。

第七章
铁腕强权，稳定乾坤

　　明太祖朱元璋为了巩固统治，加强皇权，实行了一系列血腥恐怖铁腕强权。实际上，朱元璋能够建立大明，成就一番丰功伟业，并非说明他是一颗异星，而是因为他后天秉异，靠后天的奋斗创造了神话。然而，他本是贫苦出身，且又没有多少文化，之所以有今天，除了他个人的能力之外，也离不开帮他打天下的开国元勋们。但政治是非常危险的，为此，他对身边的人很不放心。于是，他为了给子孙后代留下一个稳固的基业，实行了一系列铁腕统治，以此来稳定乾坤。

全面改革，极权政治

开国之君大多集权专权，朱元璋也不例外。他深知大业初成，存在着巨大的危险，如果不果断地解决好，皇权就不能永固。为此，他采取了一系列极权政治，使得中央集权达到空前的高度。

明王朝刚刚建立的时候，大多沿用元朝旧的各级政权和机构体系。在中央，设中书省，总揽全国政权；设大都督府，统揽全国军务；建御史台，以振朝廷法度。在地方，行中书省仍然作为最高的权力机构。不久，朱元璋从实践中意识到，只有全面改革这种政治体制，自己的权力和地位才能得以巩固，一切权力才能集中于皇帝一人，并为皇位的稳定性和连续性打下坚实根基。于是从洪武九年（1376年）开始改革自前代承继下来的官制。改革依据这样的基本原则：始终贯彻对上（皇帝）集权，对下（中央和各级机构）分权，并使其互相抗衡，"权不专于一司"。改革的步骤是自下而上，先地方后中央，同时上下穿插进行。

中国地方建制，始于秦朝，基本上是实行州、县两级制，至宋代演为路、州（府、军、监）、县三级，演变倾向于不断制约和削弱地方权力，扩大中央集权，加强皇权。元代对地方政权机构进行过一次重大改革，把行中书省作为地方最高行政机构，使地方的权力提高到绝无仅有的高度。行省以下依次为路、府、州、县。明建立前后，一直沿用这一制度。但经过一段时间的实践，朱元璋认为行中书省的建制，对控制地方，对皇权的集中，以及对政权的巩固都极为不利。于是，洪武九年（1376年）下令废除行中书省。浙江、江西、福建、北平、广西、四川、山东、广东、河南、陕西、湖广、山西等十二行省，都改作承宣布政使司（简称布政司）。以布政使司管制全省地方，提刑按察使司理司法；都指挥使司领军务，史称"都、布、按三司"。原来行省的权力，一分为三，变为军、政、司法三权分立。三司各有职权，各司其职，互不干扰，直接对中央负责，实际是向皇帝一人负责。布政司以下的行政机构，简化为府（或直隶州）、县（或属州）二级，分设知府、知州、知县，任命权全归于皇帝，实行一长负责制。

在完成地方改制的基础上，朱元璋又以改革中央机构作为重心。中央机构的设置，历代变化不小。秦至西汉设三公九卿，以丞相居重权。三国以来，相权分散，演为三省并重。自隋至唐，开始形成三省六部制，而且日渐完善。宋代，相权更加削弱。元代，并三省为一省（中书省），下辖六部，丞相权力极大。明代建国之初，沿用元制。后来朱元璋认为中书省权重和丞相"擅专威福"，是秦汉以后国破君亡的根源，只有废中书省，罢丞相制，皇统万世不易方可有保障。于是，洪武十三年（1380年）在杀丞相胡惟庸之后，罢中书省，废丞相制，至此废除了实行了1000多年的丞相制，这是一次中国古代官僚统治体制的巨大改革。

废丞相制、罢中书省之后，"折中书之政归六部，以尚书任天下书"，尚书的官秩也随之升到了二品。六部中，各部互不相扰，直接向皇帝负责。此外，朱元璋为直接控制军权需要，又改节制中外诸军事的大都督府，为中、左、右、前、后五军都督府。碰到战事，元帅由皇帝任命。至此，皇权、相权、军权三者之间的尖锐矛盾暂时得到解决，皇帝一人遂总揽全国军政等大权。

与此同时，朱元璋进一步扩充监察机构，扩大监察之权，并充分使其发挥作用。洪武十五年（1382年）置都察院，是中央的重要机构之一，与刑部、大理寺合称为"三法司"。

经过明太祖朱元璋的全面改革，明代的官制已经迥异于汉、唐了，最突出的一点是"政皆独断"，一切权力归于皇帝之手。这次改革，进一步加强了秦、汉以来的专制主义中央集权。

兔死狗烹，诛杀功臣

明太祖朱元璋性格多疑，也对这些功臣有所猜忌，恐其居功枉法，图谋不轨。

关于明太祖朱元璋疯狂屠杀功臣元勋的心理动因，历史学家们争议颇多。但最有力的解释就是，由于明太祖朱元璋看到皇太子朱标过于懦弱，担心自己死后强臣压主，所以事先消除隐患。此种说法有一则宫廷轶闻可以作为佐证：一天，皇太子劝说父亲不要杀人太多，朱元璋就把一根长满了刺的棍子丢在地上，命皇太子用手拾起来。皇太子一把抓住刺棍，结果给扎破了手掌，并连声呼痛。朱元璋就说："我事先为你拔除棍上的毒刺，你难道不明白我的苦心吗？"然而朱标却说："有什么样的皇帝，就会有什么样的臣民。"朱元璋大怒，拿起椅子就扔向太子，朱标只好赶紧逃走。

由此可见，皇太子懦弱而皇太孙年幼也许是其原因之一，但恐怕不是主要的原因。之所以如此说，主要是朱元璋的自卑心理在作祟。明太祖朱元璋出生于一个极度贫苦的家庭，父母双双死于瘟疫，很小就成了孤儿。他放过牛，当过干粗活的小和尚。天下大乱时又被迫落草为寇，在底层社会受尽欺凌。因为出身过于卑贱，朱元璋对上流社会既羡慕又仇恨，既想拼命挤进去，又恨不得把上层人士踩在脚下。像胡惟庸、李善长、刘基等人，都是运筹帷幄、决胜千里的智囊，朱元璋的江山是手下的能人智慧的结晶。在本质上，自卑感过重的领袖，跟有才干的部属不能并存，因此，他们三人在朱元璋的力量不够强大时还可被委以重任，一旦朱元璋意识到自己没有他们，也有足够的安全保障时，他们的生命也就完结了。

旷世奇才，刘基冤死

刘基与徐达和李善长共称为"明朝三杰"，堪比汉朝张良、韩信与萧何；人们常拿汉朝的留侯张良与刘基作比，认为二者都是志士谋臣。明太祖朱元璋也承认，刘基对他的影响就相当于张良对刘邦的影响，称其"吾子房也"。但就这样一个传奇人物，却在老年不得善终，晚年凄凉，原因不知地逝去。而这一切都发生在洪武年间。

明朝建立后，国家初创，百废待兴，刘基为之呕心沥血、鞠躬尽瘁，贡献卓越。

刘基在至正二十七年（1367年）被封为太史令，制定《戊申大统历》。时值太白金星在紫微垣出现，群臣惴惴不安，害怕会出现血光之灾。刘基发觉后，马上向朱元璋进密言下诏说自己有罪，以回天意，众心乃定。逢大旱，刘基上请处理滞狱，朱元璋便令他去平定，刚批示完毕就大雨如注。刘基遂趁此时机要求定立法制，避免滥杀无辜。朱元璋从之，没多久便编成了律令，是为洪武三十年所颁《大明律》之张本。

一日，朱元璋梦见一人头上有血，以土傅之，便想要杀死一批犯人来应验这个梦。刘基故意假装分析这个梦说："头有血，众也；傅以土，是众且得土也，应在三日。"于是朱元璋停刑三天，不久传来海宁归顺的捷报。朱元璋大喜，让他把囚犯全都释放。这时刘基最受朱元璋信任，言无不听。

洪武元年（1368年），刘基吸取古时军屯法和府兵制之长处，奏请创立军卫法。即在全国各地设立卫所，常驻军队，士卒战时从征，平时屯垦，由朝廷掌握调编任将的权力，目的在于缓解百姓的负担，安定地方，增加兵源，集中兵权。这一制度对朱元璋统一疆域、巩固政权发挥了积极作用。不久，刘基任御史中丞，仍兼太史令。当时国家初创，凡诸大典制都由他和李善长、宋濂等定。

统治阶级的内部矛盾随着政权的日益稳固也逐渐暴露出来。从朱元璋政权的基础看，它有两支基本力量：淮西集团和浙东集团。朱元璋建国称帝后，淮西集团在政治、军事、经济上占了绝对优势，而浙东集团被排挤、受压抑，他们自然不甘心放弃，千方百计设法获取朱元璋的信任。就这样两大派系斗争越发尖锐激烈。这种矛盾反被朱元璋所利用，重用淮人，又用浙东势力来监视淮人，加强和巩固自己的权力。当时，左丞相李善长功高望重，为众人敬仰，只有刘基与之分庭抗礼，李善长不乐。一次，李善长由于过失受谴，御史凌悦乘机弹劾，刘基反出面为其辩护，说李功勋卓著，且能调和诸将。朱元璋惊讶地说："他多次企图加害于你，你为何反倒为其开脱呢？看来，你既有大功，又诚实忠心，可以代他为相。"刘基叩头答："这使不得，好比要换柱子，必须使用大方之木，若以小木代之，将加速倾覆。臣愚笨，当不得此重任。"后李善长罢相，朱元璋欲拜杨宪为相。杨宪和刘基素来交好，刘基却力言不可，说："杨宪有才，但气度不够。"朱元璋问："汪广洋如何？"答曰："此人褊浅，比杨宪有过之而无不及。"然后又问到了胡惟庸，刘基说："为相犹如驾车，他恐怕会推翻你的车吧！"朱元璋说："做我宰相的，只有先生最为合适了。"刘基力辞："臣疾恶太甚，又不耐繁剧，为之恐辜负您的一片好心。天下其实人才济济，要明主仔细去发现了。至于目前诸公，确实没有合适的。"果真，这些话后来都应验了。杨宪因怙宠、胡惟庸因大逆，都没落得好下场。

刘基性格刚强，疾恶如仇，不能忍受不平之事。因此他与许多权贵不和。加之洪武初年，他位高不居，功成身退，不愿为相，使性本狐疑的朱元璋对之不满，触犯了"寰中士大夫不为君用，是自外其教者，诛其身而没其教，不为之过"的禁条。他屈己藏身，消极逃遁，日后他们凭借自己手中的权势，没费多大气力，就把刘基轰下了台。

早先，刘基上书说，青田县有一块叫谈洋的空地，南抵福建，是盐盗的集散地，方国珍也是在这开始组建队伍的，请设立巡检司加以弹压。豪右奸民因此不满。碰巧茗洋地方逃军叛乱，地方官吏害怕上司切责，按下不报。刘基叫长子刘琏奏其事，奏章没有先向中书省关白。时胡惟庸方任左丞相，新仇旧恨一块报，遂暗中唆使所善地方官吏上书诬刘基，说谈洋地有王气，刘基想据之为墓地，民不给，就叫立巡检司驱逐民众。朱元璋非常迷信，听后颇为所动，遂夺去刘基俸禄，刘基大惧，慌忙间赴京谢罪，不敢私自回去。不久，胡惟庸取代汪广洋做了右丞相，见朱元璋对刘基日渐疏远，便假装和他交好。洪武八年（1375年）正月朔，胡惟庸曾挟医前来探病，刘基饮其药，觉肚中有个拳头般的块状体，又过了三个月，病情转坏。朱元璋听说后遣使护送他返乡，而且亲自写下意味深长的话："君子绝交，恶言不出；忠臣去国，不洁其名。"刘基刚到家里，病情即恶化，一月之后便去世了。享年65岁，谥文成。

刘基死后不久，胡惟庸案发。朱元璋方想起刘基生前所言，十分后悔。他对刘璟说：你父为我忠心不二，临终前都还惦记我，如今我才知道他是被奸臣暗算了。我要向天下公布他的好处。又安慰道："你父亲是有分晓的，如今我做皇上的也是有分晓的，终不会负了他的好名声。"洪武二十三年（1390年），朱元璋颁诰，令刘基子孙世袭诚意伯爵禄。

刘基的一生，刚正不阿，嫉恶如仇，总是以儒臣的身份行谋臣的职责，虽怀有大志，却难为朱元璋的安乐臣子，难以平其远大的政治抱负。如果他懂得在开国的时候学张良离去，并当真不再过问朝政，兴许他还可以颐养天年。可是，他并没有选择这条路。因此，他只能像徐达、李善长等人一般被弃。因此，也可以说，是刘基自己杀了自己。

宋濂之死，贤人末路

宋濂和朱元璋同是出身贫寒，按理说会同病相怜，但宋濂太有学问，这让朱元璋不禁嫉妒起来，朱元璋最终还是容忍不下他。

宋濂在朝十余年，虽然受到朱元璋的尊重和信任，但其官位却起伏不定，官职最高才达到正五品。

洪武二年（1369年）八月，由于他修纂完成《元史》，被授予翰林学士，正五品官。然而到次年八月，由于失朝而被贬为七品编修。洪武四年（1371年）调升为国子监司业，是正六品，没过多久又因奉命考据祭祀孔子的典礼，没有按时上报，又被贬为正七品的浙江安远县知县。过了一年，又被调任礼部主事。洪武五年（1372年）改为詹事府赞善大夫，是从六品，也就升了半级而已。当时朱元璋留意文治，征召张唯等几十个名士，其中年少俊异的，都授予编修，并令在宫中文华堂学习，这时宋濂即做了他们的老师。洪武六年（1373年），宋濂由赞善大夫升为翰林院侍讲学士，知制诰，同修国史，兼赞善大夫，是从五品，直到他离开朝廷，他的官职都没有再变动。从洪武二年的翰林学士，到六年的侍讲学士，当官好几年，其职位反不如他刚入官场时高。

宋濂侍奉朱元璋多年，对朱元璋每一举措都十分了解，他也深知"伴君如伴虎"的道理，一生言行谨慎，不求有功，但求无过。因此，洪武六年（1373年）朱元璋想让他参预朝政，他婉言谢绝了，这反而赢得了朱元璋更大的信赖。

洪武十年（1377年），宋濂已68岁，告老回乡。他在青萝山畔盖了间草屋，闭门著述，布衣疏食。

但就是这样一个被朱元璋称为"贤人"的人，最后也未得善终。本来宋濂致仕后，每年需要入一次朝。洪武十三年（1380年），宋濂因身体欠佳，朱元璋允准可不来朝。没想到上朝时朱元璋因忘记此事，而很不满意宋濂未上朝。朱元璋偷偷派人视探，正见到宋濂和乡人饮酒作乐，勃然大怒，要处死宋濂，后经皇后和太子解释，事乃作罢。但当丞相胡惟庸因为谋反罪被处死后，其孙宋慎被名列胡党，子宋遂也受牵连而死。宋濂全家系狱，朱元璋想一并处死宋濂，后经马皇后、皇太子说情，才改为全家流放茂州（今四川茂汶羌族自治县），当时宋濂拖着病弱之躯，千里跋涉，于洪武十四年五月，行至夔川（今重庆奉节）途中，终因老病而死。

宋濂死后，被安葬在莲花山脚下，永乐十一年（1413年），蜀献王仰慕宋濂德业，命人重新把他移到华阳城东厚葬。弘治九年（1496年）

四川巡抚马俊请求复其官职，春秋祭葬，朝廷予以批准，正德中，追谥"文宪"。

结党营私，惟庸伏诛

明初，官僚机构基本上沿袭了元朝，朱元璋逐渐认识到其中的弊病，于是进行了改革。首先是废除行省制。1376年，朱元璋宣布废除行中书省，设立承宣布政使司、都指挥使司和提刑按察使司，分别担负行中书省的职责，三者分立又互相牵制，防止了地方权力过重。

在中央机构改革的重点是废除丞相制。明初中书省负责处理天下政务，地位最高。其长官为左、右丞相，位高权重，丞相极易与皇帝发生矛盾，明朝时以胡惟庸任相后最甚。

胡惟庸是凤阳定远人，1373年由右丞相升任左丞相。胡门生故吏遍于朝野，形成一个势力集团，威胁皇权。1378年，朱元璋对中书省采取行动。一天，胡惟庸的儿子骑马在大街上横冲直撞，结果跌落马下，被一辆过路的马车轧了，胡惟庸将马夫抓住，随即杀死。朱元璋十分生气。十一月又发生了占城贡使事件。占城贡使到南京进贡，把象、马赶到皇城门口，被守门的太监发现，报与朱元璋，朱元璋大怒，命令将左丞相胡惟庸和右丞相汪广洋抓进监狱。但是，两丞相不愿承担罪责，便推说接待贡使是礼部的职责，于是，朱元璋便把礼部官员也全部关了起来。

两相入狱，御史们理解了皇上的意图，便群起攻击胡惟庸专权结党。于是，1380年，朱元璋以擅权枉法的罪名处死了胡惟庸和有关的官员，同时宣布废除中书省，以后不再设丞相。

朱元璋以专权枉法之罪杀了胡惟庸后，胡案就成为他打击异己的武器，以致受牵连而被杀者达三万多人，十几年都没安定下来，并作《昭示奸党录》，布告天下。

朱元璋以建立一个高度集权的君主专制社会为目的，而以丞相为首的中书省这一行政权力机构对其妨碍甚大，他不让刘基当丞相，就说明他根本就可以不必设丞相，他认为相权可以造成对皇权的制约和威胁，而胡惟庸一案，则提前了朱元璋废相这一变革的时间。

战功赫赫，徐达冤死

在明朝的所有的开国功臣中，武将以徐达功劳最大，明朝开国的第一功臣，领兵杀敌，夺城无数。明朝北伐元朝成功后，徐达虽然交了兵权，但在军中仍有他的大量部下。他的存在的确是朝廷的一大威胁。

然而，明太祖朱元璋一时还是下不了决心杀徐达。第一，徐达跟随自己出生入死，情同手足。第二，徐达居功至伟，一旦被杀怕是会引来他部下的不满，那些旧将都会人心思动。

但最终，明太祖朱元璋还是对自己的"手足"下了毒手。

明朝建国后，在文臣地位日渐提高之下，过去立下汗马功劳的武臣渐渐受到冷遇，但徐达始终受到朱元璋的重用，为防御明朝北方的安全殚精竭虑。

尽管朱元璋厚待他，但徐达非常耿直，谦虚谨慎，位居显位而不骄不躁。他常年征战在外，戍守边疆，在京城里竟连一处像样的住所都没有，这又促使朱元璋格外地亲近和喜爱他。为此，朱元璋曾打算赏给他原吴王府宅。然而，徐达毅然不肯接受。朱元璋灌醉了徐达，把他抬入邸中安寝。次日酒醒，徐达惶恐万分，连称死罪。朱元璋很高兴，又另外给其建立府宅，赐名"大功"。当时明朝已经建立，昔日功臣未免恃功跋扈，朱元璋对此十分厌恶。徐达开国功称第一，当然最遭猜忌，徐达追随朱元璋数十年，早已摸清朱元璋的心思。他力求免祸，处处小心谨慎。洪武十七年（1384年），星相学家声称："太阴数犯上将"，应在徐达功高震主，由此，朱元璋明显地疏远了他。

这一年徐达在燕京居住，背上生了个大疖子，名叫背疽，俗称"搭背"。俗话说："病怕无名，疮怕有名。"徐达得的正是有名的疖子，可以说无药可救。朱元璋很挂记他，便下诏让徐达到京师养治。洪武十八年（1385年），徐达回到南京。在医生的精心调治下，徐达的病情有所好转。

朱元璋听说徐达的病情好转，心里也很高兴，他亲自来到徐达住的地方探望他。见皇帝来了，徐达欲起身跪拜，朱元璋连忙制止，并在徐达床边坐了下来，和徐达闲谈起来。朱元璋猛然发现徐达身边有一本兵书，心里非常不高兴，脸色立即阴沉下来，一会儿便起身告辞了。朱元璋回到宫中，便有些心神不宁，怀疑起徐达来，他决心要除掉这个可疑之人，以免后患。于是派人给徐达送去一盘蒸鹅，其用意十分明显，因生背疽之人最忌吃蒸鹅，会引发死症，徐达吃了蒸鹅，病情果然加重，没多久就死了。

徐达死时年54岁，被追封中山王，谥"武宁"，并亲自为徐达写下碑文"开国功臣第一"。赐葬钟山，配享太庙。

朱元璋明白自己逼死徐达已经走出了消除开国功臣的关键一步，他要清除掉威胁大明江山一切可能的障碍，无论他是谁。

李善长案，功高获罪

在大明的文官功臣中，要数李善长最为有功。李善长在开国册封时位居六公之首，又为中书省左丞相，统领中书省日常事务。虽然李善长已经辞官多年，但他仍然是淮西勋贵的顶梁柱，朝中大臣有什么疑难之事，也喜欢找李善长商量之后再作决定，比起徐达来，李善长对朝廷的威胁更大。

实际上，朱元璋在成功除掉徐达的同时，也一直在思考着如何除掉李善长。只是朱元璋明白，和徐达比起来，李善长这棵老树的根更深、枝更茂，要想扳倒他，还需一番工夫，仔细计划。

朱元璋借淮西力量做了皇帝后，淮西诸将和幕府僚属都成了开国功臣，所以在明朝初年，淮人地位很突出。特别是李善长骄横专擅，既富且贵，凭借自己的权势，颐指气使，凌驾于百官之上，使朱元璋对淮人集团和他越来越不满。张昶、杨宪、汪广洋、胡惟庸先后获罪被杀，碍于李善长过去的功劳，朱元璋一直对他较宽容。一天，朱元璋在和陶凯论斋戒当至诚的时候，向李善长暗示最好还是早些退位："人之一心，极艰检点，心为身之主，若一事不合理，则百事皆废，所以常自检点，凡事必求至当。今每遇斋戒，必思齐整心志，对越神明。"李善长听了向皇帝磕头称是。

洪武四年（1371年）正月，李善长以疾别仕，皇帝赐临濠地若干顷，置守冢百户，给佃户千家，与魏国公徐达等同。洪武五年，皇帝命他督建临濠宫殿。洪武七年（1374年），朱元璋提拔他弟弟李存义为太仆丞，李存义的两个儿子李伸、李佑担任州府官员。又在洪武九年（1376年）将大女儿临安公主下嫁给他儿子李祺，拜为驸马都尉。婚后一月，御史大夫汪广洋、陈宁上疏言："李善长依仗皇上的宠信，自以为是，陛下病不视朝将近十天，也不来问候。驸马都尉李祺六日不上朝，被宣来上朝时，到了陛下面前也不请罪，实属不敬，应交有司来处置。"于是削李善长岁禄，几及其半，李善长"自是意忽忽不自得"。

洪武十三年（1380年），左丞相胡惟庸被杀。胡惟庸是善长同乡，初为宁国知县，正是李善长当政时，胡惟庸用二百黄金贿赂他，便得以入京任太常少卿。累迁中书参政，女儿嫁给李佑，所以相互交往日深。胡惟庸任相后，和李善长交往密切，依权受贿，无所顾忌，朱元璋为防止大权旁落，遂以"擅权枉法"之罪杀了胡惟庸及其同党御史大夫陈宁、中丞涂节等数人。其他大臣都请求将李善长一并治罪，朱元璋因为他是自己势力渐起时的心腹，所以没有追查。李善长得以告老还乡。

胡惟庸被杀后，胡案成为朱元璋进行政治斗争的武器。因为自己年事渐高，太子朱标又柔仁，便决心消除"棘杖上的刺条"，为下一代营造一个安定的政治环境。凡是心怀怨恨、骄横跋扈不利于皇家统治的文武官员、大族豪强，都陆续被罗织为"胡党"罪犯，处死抄家。随着统治阶级内部矛盾的发展，胡惟庸的罪状也发展扩大。最初增加的罪状是"通倭"，接着又是"私通蒙古"。作为当时明朝两大敌人的日本和蒙古，通敌当然是谋反了。据历史记载："时四方仇怨相告讦，凡指为胡党，卒相收坐重狱。"洪武十八年（1385年），有人报告说李存义父子其实是胡惟庸的同党，皇帝下诏免除死刑，发放去崇明，李善长知道个中缘由，也不去道歉，朱元璋便也包容了他。

洪武二十三年（1390年）李善长已77岁，"耄不检下"，却仍旧想扩大他的宅第，从信国公汤和那里借卫卒三百人，汤和密以闻。四月，京民中有连坐应发配到边关的，李善长又多次求情，免除了他的亲信丁斌等人。于是朱元璋勃然大怒，先严刑逼供丁斌，查出了丁斌原在胡惟庸家办过事，了解了李存义等和胡惟庸相勾结的情况，接着下令把李存义父子逮到京师审问，结果供词中牵连到了李善长，说胡惟庸有反谋，使李存义阴说李善长。善长惊诧："尔言何为者，审尔，九族皆灭。"后来又叫李善长老友杨文裕劝说："事成当以淮西地封为王。"李善长虽表面拒绝，其实已被说动了。惟庸于是亲自劝说善长，仍旧没有答应。又过了很长时间，胡惟庸复遣李存义进说，李善长叹曰："吾老矣，吾死，汝等自为之。"后来又过了几天，胡惟庸谒李善长，延之东西向座，屏左右款语良久，人不得闻，但遥见颔首而已。御史们这时也纷纷上疏告李善长的状：洪武二十一年（1388年），将军出塞，至捕鱼儿海，掳获无数元宗室大臣及宝玺、图书、金银印章，元宗室大臣中有胡惟庸暗通沙漠的使者封绩，李善长却故意替他隐瞒。有的更说私书中有李善长的亲笔信。这时，李善长家仆卢仲歉等也来报告他与胡惟庸"通赂遗，交私语"。说完狱词，朱元璋说："善长元勋国戚，知逆谋不发举，狐疑观望怀两端，大逆不道。恰好有灾变的天象显示，占得应在大臣，遂并其妻女弟侄家口70余人诛之。

李善长子祺，被发放到江浦，不久死。祺子芳、茂，承公主的恩泽，免受株连。第二年，御史解缙、虞部郎中王国用上书为李善长称冤。朱元璋得书，但没有怪罪他们。

正是因为李善长只看见自己手中的权力，贪婪的欲望也与他的年龄一起随着时间增长，所以就注定了他的悲剧。在没有战事、社会稳定的情况下，他没有选择激流勇退，只能成为皇帝肃清朝政、稳固皇权下的牺牲品。

居功自傲，蓝玉伏诛

明洪武二十六年（1393年），蓝玉以谋反罪伏诛，受株连的达万余人，史称"蓝狱"。蓝玉（？～1393年），凤阳定远人，洪武后期的主要将领，多次领兵打击元朝残余势力，在明朝统一中国的过程中作出了重要贡献。史书记载的有关蓝玉早期的历史不详，只说他是常遇春妻弟，隶属常遇春手下，作战勇敢，所向披靡。常遇春在朱元璋面前经常夸奖他，因此被朱元璋器重，起先叫他管军镇抚，后升武德卫千户，不久改任亲军千户，积功至武德卫指挥使。

洪武三年（1370年），蓝玉被擢为大都督府佥事，从而进入了明朝的最高军政机构。次年，朱元璋派傅友德、汤和领水陆军伐蜀，蓝玉跟从傅友德，经过几战，夏主明升（明玉珍子）投降，使元末形成的最后一个割据政权得以平定。

洪武十一年（1378年），蓝玉等率兵出征甘、青，次年获胜。朱元璋命置洮州卫，设官领兵驻守。还师以后，蓝玉被封为永昌侯，食禄二千五百石，从而成为明初新贵。

大体平定甘、青以后，朱元璋向西南和东北遣兵，在这些战争中蓝玉发挥了很大作用。洪武十四年（1381年）九月，作为左副将军的蓝玉，跟右副将军沐英一起，和征南将军傅友德率三十万兵征讨云南。"自九月朔出师，迄下云南，仅百余日"。次年闰二月，蓝玉、沐英率兵西攻大理，再次获胜，其他的地区被招抚。奉诏班师后，蓝玉因功加禄五百石，他的女儿被册封为蜀王妃。

东北的纳哈出是元朝世将，先前被明军俘获过，获释后仍与明作对。据金山一带屯兵蓄锐，伺机南下，对明在东北方面构成威胁。洪武二十年（1387年）正月，蓝玉为右副将军，和大将军冯国胜、左副将军傅友德率兵出击，蓝玉成功劝降纳哈出。

纳哈出在扩廓帖木儿死后被明招降，虽经明军打击元势力一再减弱却仍没完全灭亡，仍然对明构成威胁。击败纳哈出的当年冬十一月，蓝玉报告："元丞相哈剌章、乃儿不花遁入和林，乞进步剿灭。"蓝玉的计划得到了朱元璋的同意。

洪武二十一年（1388年）夏四月，蓝玉率兵出发，自大宁进至庆州，听说元主脱古思帖木儿在捕鱼儿海（今贝尔湖），蓝玉遂抄近路日夜兼程而进。行至距捕鱼儿海还有四十里的百眼井处，侦察不到元军行迹，蓝玉想引兵退还。部将王弼不同意，说我们领兵十万，深入漠北，没有见到敌人就返回，向上面怎么交待。蓝玉亦觉得如此，乃命诸军继续前进，并采用王弼计谋，秘密前进，穴地而炊，不叫敌人见烟火，到达海南，仍然没有见到敌人。后侦知元主营在捕鱼儿海东北八十里处。蓝玉命王弼为前锋，疾驰直击其营。元军大意轻敌，以为明军不会深入，没有防备，再加上当时狂风大作，风沙弥漫，元军竟然没有察觉明军的到来。明军突然到达营前，元军仓促应战，伤亡惨重，元主脱古思帖木儿与太子天保奴等数十人向北逃去，蓝玉率精骑追赶没追上，俘获其次子地保奴及妃、公主等数万人和大量牲畜，并得其传国玺、宝玉、金银印章等物，获取巨大胜利。向北逃跑的元主后被人杀死，北元不久灭亡。蓝玉胜利班师，途中又破哈剌章营，朱元璋听说后以卫青、李靖比喻蓝玉，封赏很多，回来后封凉国公。蓝玉的政治生涯、军事武功达到巅峰。

蓝玉被封为凉国公后，又奉命到西部地区进行过一些军事活动，还奉命到陕西练兵，这些是他军事活动的尾声了。

蓝玉居功自傲，行为骄横。早在征云南梁王胜利后，他就私搞盐引（食盐运销专利凭证），派人到云南贩盐，牟取暴利。打败元主脱古思帖木儿后，他不光私自掠获了大量珍宝、驼马，还占有了元妃。朱元璋大怒，说："玉无礼如此，岂大将军为哉！"入夜时分蓝玉班师到了喜峰关，守关人没及时放行，蓝玉怒不可遏，纵兵破关而入，朱元璋知道后很不高兴。蓝玉领兵在外，诏令有所不从，经常擅自升降将校，进止自专，甚至违诏出师。在朱元璋面前，无视君臣礼节，举止不恭，语言傲慢。更严重的是，蓝玉蓄庄奴、假子数千人，横行霸道，胡作非为；他还强占民田，鱼肉百姓，又将上告他的百姓、御史官打伤而且逐出城去。

洪武二十六年（1393年），蓝玉被锦衣卫官员告同景川侯曹震等谋反，蓝玉被杀，夷三族，坐党论死者万余人，史称"蓝狱"，是继胡惟庸案后的又一次大案，连称"胡蓝之狱"。

至此，明朝的开国功臣们几乎被杀戮殆尽。

整顿吏治，打击贪官

明太祖朱元璋从小饱受元朝贪官污吏的敲诈勒索，他的父母及长兄就是死于残酷剥削和瘟疫，自己被逼迫从小出家当和尚。所以，在他参加起义队伍后就发誓：一旦自己当上皇帝，先杀尽天下贪官。后来他登基皇位不食言，果然在全国掀起轰轰烈烈的"反贪官"运动，矛头直指中央到地方的各级贪官污吏。

明太祖朱元璋对政治贪污尤其憎恶，其对贪污腐败官员处以极其严厉的处罚。在朱元璋主政期间，大批不法贪官被处死，包括开国将领朱亮祖，女婿驸马都尉欧阳伦，而郭桓案和空印案更杀死数万名官员。由于朱元璋的吏治严厉，在明初相当长一段时间，官员腐败的情况得到有效遏制。朱元璋自己生活俭朴、工作勤奋，在明南京皇宫内，没有设立"御花园"，只有"御菜园"，其中种满蔬菜，使得皇宫自给。

整治贪污

明太祖朱元璋为了保住朱家的天下，缓和统治阶级和广大百姓的矛盾，朱元璋集中力量，大规模地打击清洗贪污害民、营私舞弊的中央和地方官吏。按照明初的规定，各布政司和府、州、县都必须每年派计吏到户部，报告地方财政收支账目。所有的钱粮、军需等款项，必须由府报布政司，布政司报部。一层报至上一层，直到户部审核的数目完全符合各布政司收支款项总和的数目，方准许结账。整个表册如果有一丁点不一致的地方，都被驳回，重新填制。布政使司距离京师远的有六七千里，近的也在千里上下。重新填写表册倒不很困难，最麻烦的是重新填好的表册需要盖上原衙门的官印才合乎手续。盖这颗印，来回的时间就得用上个把月甚至一年的时间，这样报账的时间就很容易错过，为了减少麻烦，节省时间，避免户部的挑剔，各地的计吏按照习惯都带有先盖好官印的空白表册，防止被驳回。这种空白表册用骑缝印盖好后，除了向户部报账外，并不能作别的用，各地计吏年年都如此，都不觉得会出现什么问题，这成了公开的秘密，不但方便省事而且合情合理。不料，多疑的朱元璋忽然发现了这个秘密，觉得这里面定有名堂，由于朱元璋对这事惩治严厉，大行杀戮，各地方衙门主印长官数百人一律处死，佐贰官则杖一百后到边地充军。

案发后，很多人都因此案受到株连，此后很久才平息。

郭桓案是指洪武十八年（1385年），御史余敏、丁廷举告发北平布政使司、按察使司官吏李彧赵全德等与户部侍郎郭桓及胡益、王道亨等人勾结舞弊、吞盗官粮事件。朱元璋接到告发，下令逮捕他们，令法司拷讯。因事情牵连到礼部尚书赵瑁、刑部尚书王惠迪、兵部侍郎王志、工部侍郎麦至德等，于是将赵瑁等人弃市。最后自六部左、右侍郎以下，郭桓等数百人都处以死刑，追赃粮700万石。"犯人"的供词牵涉到各布政使司官吏，入狱被杀者又有几万人。追赃又牵涉了全国各地的许多大地主和中等以上的地主，地主们破产的不计其数。总的来说，郭桓的罪状有以下两个方面：

一是收受地方钱钞。郭桓等人在收受浙西地区的秋粮时，应合上仓450万石。但郭桓只上缴60万石上仓、钞80万锭入库，按照当时来计算，可抵200万石，余有190万石未曾上仓，郭桓等人收受浙西等府钞50万贯，致使府、州、县官黄文通等通同刁顽共同作弊。

二是分受夏税秋粮，归己所有。应天等五府州县有数十万亩没官田地夏税秋粮，官吏张钦等通同作弊，并无一粒上仓，与郭桓等尽行分受。

总共算来，郭桓等人侵盗官粮约700万石。其所盗仓粮，"以军卫言之，三年所积卖空"。

案件定罪后，三吴一带、浙东西地区的一些富豪名门多受牵连。其案件株连人之广，打击面之大，是朱元璋万万没有想到的。许多地主和官僚纷纷上告，表示不满和恐慌。他们当然不敢申诉买卖官粮这一严重犯法行为是应该的、合法的，而是指斥、攻击、告发处理这起案件的御史和法官，并说"朝廷罪人，玉石不分"。于是一时间舆论沸腾，形势严重。朱元璋也觉得这个矛盾如继续发展下去，对自己的统治十分不利，于是下诏分析郭桓等人的罪状，一面又将原审法官右审刑吴庸等人处以磔刑，以平息众怨。并下令："朕诏有司除奸，顾复生奸扰吾民，今后有如此者遇赦不宥！"以此来缓解同地主官僚的矛盾。

这两起整治贪污的案件，虽然说不能完全杜绝贪官污吏，但它对安定社会秩序、澄清吏治，毕竟起了一定作用，确实为贪赃枉法之人敲响了警钟。

但这两起大案打击面过大，也冤杀了不少好人，因为朱元璋定案时没有证据，只是凭自己的怀疑就定罪。近年来，有的学者认为，"空印案"纯属是个捕风捉影、定性错误的案件。

在案发的时候，湖广按察使佥事郑士元受到牵连，其弟郑士利曾上书为之鸣冤，朱元璋没有听其申诉，把他和郑士元都罚到江浦去做苦工。被处死的清官方克勤，就是后来建文朝大臣方孝孺的父亲，生活非常简朴，一件布袍穿了十年也没有更换，一天只吃一餐带肉的菜，老百姓歌颂他是"我民父母"。前面提到的郑士元，不但刚直而且有才学。任职其间，荆、襄卫所军队掳掠妇女，官吏都不敢过问，他找到卫所军官，叫他们把掳掠妇女全都释放。安陆有冤狱，他冒着触怒御史台的风险，替他们上书平反。这两位能干的清官，都因"空印案"牵连而死。

明太祖朱元璋对于贪官污吏的惩治，毫不心慈手软：剥皮实草、斩头处死、投入蛇池等等手段，无所不用。即使是最能干的大臣和最爱的公主的丈夫，为了天下，为了民心，他也决不姑息养之。这将明太祖朱元璋性格中残暴的一面暴露无遗。

特务机构，恐怖统治

明初时，明太祖朱元璋设御用拱卫司，这是为了监督朝中大臣的违法行为，任命自己的亲信大臣为首。这便是锦衣卫的前身。朱元璋设锦衣卫是为了加强自己的统治，排除异己之心，所以洪武年间的几个大案的制造与锦衣卫密不可分，不计其数的无辜者葬送在锦衣卫手里，受尽各种酷刑。

明太祖朱元璋采取这种特务手段，侦查臣僚私下的言行，此事对后世影响很大。他这么做，一方面是由于他猜疑多虑的性格所致，更重要的是为了便于控制臣僚。身为一国之君，他无法容忍臣僚对他有所欺瞒，他要求他们对自己要绝对忠诚。

朱元璋派遣检校的活动开始于建立明朝之前。检校的职务是："专主察听在京大小衙门官吏不公不法，及风闻之事，无不奏闻。"有的人甚至以专门告发别人隐私谋生。钱宰被征编《孟子节文》，散朝回家，吟诗道："四鼓咚咚起着衣，午门朝见尚嫌迟。何时得遂田园乐，睡到人间饭熟时。"次日在朝上，朱元璋问他：昨日所吟诗不错，不过我并没有"嫌"迟啊，改作"忧"字如何？吓得钱宰出了一身冷汗，忙磕头谢罪。国子监祭酒宋讷面有怒容独自在家静坐，第二天朝见时，朱元璋问他因何生气，宋讷大吃一惊，照实说了，后直到朱元璋拿出派人暗中给他画的像来，宋讷方明白是怎么一回事。吏部尚书吴琳告老还乡返回黄岗，朱元璋放心不下，派人去打听，等使者回来报告说吴琳正在家务农，朱元璋听了才高兴起来。

洪武十五年（1382年）四月，明太祖朱元璋为了打击元勋功臣，把在自己身边负责警卫事务的亲军都督府的仪鸾卫改为锦衣卫，有侦察、缉捕、审判、处罚罪犯的权力，这个特务机构很正式，有指挥、佥事、镇抚、千户、百户，所指挥的人员有将军、力士、校卫，皇帝直接控制这个机构。在它之下还设立了镇抚司，掌本卫刑名，兼理军匠，有自己的法庭和监狱，民间所称的"诏狱"就是指它。朱元璋交给锦衣卫处理重大案件，自己则亲自掌握，锦衣卫也只对皇帝负责。朱元璋让锦衣卫在朝廷上执行廷杖的刑法，很多大臣都惨死杖下。

明太祖朱元璋在地方上各府县的关津要塞，还设置了巡检司，有巡检和副巡检，都是从九品官，带领差役、弓兵，时刻防备，负责盘查把关、缉捕盗贼、盘诘奸伪。朱元璋这样做，觉得仍然不能达到对广大民众控制约束的目的，于是又把执行检查的任务赋予里甲。里甲内的百姓没有出入自由，如果到百里之外，事先必须向地方政府领取路引（通行证），如果没有路引，就被擒拿送官，而且里甲对所属百姓要有所了解，对无正当理由外出的要报告官府，不报者以连坐处置。

如此一来，明太祖朱元璋通过这些机构布下了一张监视网络，城市、乡村、官僚、百姓都处处设防，都处于严密的监视和控制之下。明初兴起的几起大狱，多由这些机构所引发。因此，不少达官重臣也难逃厄运。朱元璋曾经说过："譬如人家养了恶犬，则人怕。"

明太祖朱元璋利用特务手段，施行恐怖统治，一时对强化皇权颇有成效，但同样他又不愿后人仿效。洪武二十年（1387年）胡案快处理完时，朱元璋下令焚毁锦衣卫刑具，移交犯人给刑部。又过了6年，待处理完蓝玉案后，他再一次下诏，以后一切案件都要交给朝廷三法司理，锦衣卫不能再处理内外刑狱公事。

明太祖朱元璋希望凭借他一个开国皇帝的能力，为子孙后代创造条件，以保证朱明王朝永远统治下去。可惜没过几年，他的四子朱棣当上皇帝后，又重新利用锦衣卫来镇压建文帝的臣下，还设置了提督东厂、厂卫等新的特务机构，并一直持续到明朝灭亡，对明朝政治造成了极恶劣的影响：全国被笼罩在恐怖的气氛下，人心惶惶。

兴文字狱，文化专制

自古以来，都是马上得天下者，不可马上治天下，于是就要任用文臣。因此，由于明太祖朱元璋是开国皇帝，明初皇帝的力量较强大，到了明朝中后期则文官的力量变得强大起来。

明初洪武年间，中国古代文化专制主义发展迅速，明太祖朱元璋利用手中的政治权力，对思想文化进行粗暴的干预，对当时和后世的社会发展产生了严重的消极影响。这些文人仇视造反起家的朱元璋，如贵溪儒士夏伯叔侄，斩断手指，立誓不做官，在明太祖面前骂他"红寇"，后被送回原籍处死。

有的文人谢绝新朝的征召，实在无法推脱的，即使勉强来到南京仍不接受官职。如浙江山阴人杨维桢、江阴王逢就是如此。也有一些曾经在元朝或东吴做官的文人，却坚决不做明朝的官，如回族诗人丁鹤年、山阴的张宪、长乐的陈亮、庐陵的张昱等。朱元璋还在文字上找毛病，牵强附会，吹毛求疵，兴起文字狱，以打击这部分不合作者，树立他专制君主的权威，强化刚建立的王朝统治。

明太祖朱元璋出身寒微，当过和尚，于是"光"、"秃"这类字词是最忌讳的，甚至也不能讲"僧"字。再加以推广，连同"僧"的同音字"生"也犯了忌。早年朱元璋参加了红巾军起义，当时元朝官吏及地主均称红巾军为"红贼"、"红寇",被骂作"贼"、"寇"是朱元璋最痛恨的了。于是与"贼"字形相同、音相近的"则"字,也不许再提。

如果逢年过节或朱元璋的寿辰及其他皇家喜庆的日子,地方三司官和知府、知县、卫所官员,都要上表祝贺。学校的先生一般会代作祝文,满是歌功颂德之辞,朱元璋很喜欢读。从渡江到开国,文人起了很大作用,所以朱元璋认为要治国就要重用文人,世乱用武,世治宜文。有人指出:文人好挖苦毁谤。例如张士诚宠信文人,文人在他当王爷后,用"士诚"唤他,孟子云:诚小人也,可读成:"士诚,小人也。"朱元璋还真相信了这些话,开始怀疑有些人用"僧"、"贼"等字在骂他。随着统治阶级内部矛盾的发展,朱元璋对文人运用文字攻击他更加猜疑,于是便挑剔文字,将所谓犯忌的文人治罪或杀戮,洪武朝的文字狱便愈演愈烈。如浙江府学教授林元亮在为海门卫官作"谢增俸表"中有"作则垂宪"的话;北平府学赵伯宁给都司作的"贺万寿表"中有"垂子而作则"一语;福州府学训导林伯璟为按察使撰"贺冬至学"的"议则天下";澧州学正孟清为本府作"贺冬至表"的"圣德作则";桂林府学训引蒋质为布按二使作"正旦贺表"的"建中作则"。朱元璋把其中所有的"则"都念成"贼",将他们一一治罪处死。常州府学训导蒋镇为本府作"正旦贺表",内有"睿性生知",朱元璋又将"生"字念作"僧";怀庆府学训导吕睿为本府作"谢赐马表"中有"遥瞻帝扉"又读成"帝非"。这两个人也被处死。祥符县学教谕贾翥为本县作"正旦贺表"中有"取法象魏","取法"被朱元璋读作"去发";亳州训导林云在为本州作"谢东富赐宴笺"中有"式君父以班爵禄"一句,"式君父"被念成"失君父";尉氏县教谕许元在为本府作"万寿贺表"中有"体乾法坤,藻饰太平"八个字,朱元璋将其中"法坤"认作"发髡"，"藻饰太平"看作"早失太平"；德安府训导吴宪在为本府作"贺立太孙表"中有"天下有道，望拜青门"两句，"有道"被看作"有盗"，"青门"被疑指和尚庙，于是朱元璋下令一律将他们处死。杭州府学教授徐一夔在贺表中有"光天之下，天生圣人，为世作则"。朱元璋大怒说："生者，僧也，骂我当过和尚。光，说我是秃子。则即贼，骂我做过贼。"礼部官员左右为难，整日提心吊胆，只得求皇帝降一道表式，使臣民们遵守。洪武二十九年，翰林院学士刘三吾、在春坊右赞善王俊华受命撰庆贺谢恩表式，颁布天下诸司，今后再碰上庆贺谢恩，如式录进，照规定表式抄录，只把官职姓名填在上面就可以了。

苏州知府魏观把知府衙门建在原张士诚的宫殿遗址上，被人告发，又发现新房上梁有"龙蟠虎踞"四个字，被朱元璋下令腰斩。佥事陈养浩写诗"城南有嫠妇，夜夜哭征夫"，朱元璋恨他动摇士气，把他扔进水中溺死了。有一和尚叫来复，作一谢恩诗，其中有"金盘苏合来殊域"和"自惭无德颂陶唐"两句，朱元璋认为殊乃歹朱，又骂他无德，和尚最后也被砍了头。状元张信受命训导诸王子，以杜诗"舍下笋穿壁"四句为字式，朱元璋大怒，说堂堂天朝，却如此讥讽，下令腰斩。京师上元夜，市民以隐语相猜，有人画一赤脚妇人，怀抱西瓜，朱元璋微行见此，认为这是影射其淮西夫人马皇后，又令军士杀了很多居民。洪武朝的文字狱从个人禁忌发展到广义的禁忌，洪武三年（1370年）发布了禁止小民取名用天、国、君、臣、圣、神、尧、舜、禹、汤、文、武、周、秦、汉、居晋等字的禁令。

洪武二十六年（1393年）又出榜文禁止百姓取名用太祖、圣孙、龙孙、黄孙、王孙、太叔、太兄、太弟、太师、太傅、太保、大夫、待诏、博士、太医、太监、大官、郎中字样。民间已习惯的称呼也要更改，如医生不许称太医、大夫、郎中，违者处以重刑。

明太祖朱元璋用严酷的刑法，先后杀了十几万的文人学士及相关联的亲朋好友。被诛杀的主要是国公、列侯、大将、宰相、部院大臣、诸司官吏、州县胥役、进士、监生、儒士、文人、学者、僧、道和一般地主。

朱元璋推行的文化专制主义，如果说对当时巩固朱明王朝的统治曾起过一些积极作用的话，那么对社会带来的负面影响却是巨大的。朱元璋以严酷的文忌文风禁锢思想，钳制言论，不许臣民议论朝政得失，只许歌功颂德，否则刀剑加之，身首异处。明初的文字狱，制造了许多冤案、错案，许多官吏和知识分子被诛杀，不仅削弱了明王朝的统治力量，而且在统治集团内部产生了巨大的离心作用。官吏文人中有许多担心犯禁触忌，只得不谈政事，整日三缄其口，朝政因此日趋腐败。

直到明洪武二十九年（1396年），长达十三年之久的文字狱告一段落。

其实明太祖朱元璋所做的这一切，终究还是围绕一个主题：加强皇权，巩固统治。

第七章 铁腕强权，稳定乾坤